KB074720

산성비의 활용과 지역개발:
전기 생산과 국제간 비교의 맥락에서

ACID RAIN

Implications for Electric Power production and
Regional Develoment

김준모

도서출판 지식나무

TO MY LORD JESUS CHRIST

WHO GAVE ME INSPIRATION

머리말

기후변화는 이제 어느 누구나, 국적이나 지역을 막론하고 경험하고 있는 현상이자 트렌드이다. 자연의 변화는 인간의 능력으로 반전시키는 것이 거의 불가능하다고 보는 것이 타당하므로, 인류가 할 수 있는 노력을 하면서도 기후 변화에 대한 적응도 중요한 행동과 정책의 기준점이 되게 되었다.

이렇게 공감대가 많은 분야이다보니, 지난 수십 년간 많은 학자들, 연구원들, 민간과 공공의 조직들이 기후변화에 대한 연구와 대응책을 내놓았고, 일부는 너무 어렵기도 하고, 일부는 사람들의 귀에는 "양치기 소년"의 비유에서처럼 너무나도 익숙한 이야기가 되어 버린 면도 있다. 이러한 양상들을 염두에 둔 현재 시점에서 이 책은 그동안의 수많은 연구들 사이에서 간극으로 남겨진 한 부분에 대한 시론을 열고자 준비되었다.

다름 아닌 산성비에 대한 논의이다. 대기의 오염도 너무나도 일상화된 트렌드로 익숙해져 있지만, 미래의 시점에서 물의 부족이 중요해지기 시작한다면, 그전에 미리 산성비도 수자원으로서 갖는 중요성을 자각하는 것이 사회와 국가, 지역, 그리고 전 지구적 관점에서 중요한 논점이 될 때가 되어가고 있다. 본고에서는 이러한 맥락에서 산성비가 정수되면서 전기 생산과 충전 등 활용도가 찾아지며, 산성비가 가뭄에 비하여서는 엄청난 자원임을 논의하고자한다. 저자는 과학 기술정책 분야의 연구자이면서도 거기서 한걸음 더 나아가 보다 실용적인 흐름으로 이 책의 내용이 활용되기를 바라며 이 책을 기획하고 집필하였다. 이 책을 읽는 다양한 독자들로부터 이 논의가 시작되고 실천되기를 바래본다.

2024년 7월

저자

차 례

<표 목차>

<그림 목차>

제1장 서 론

1. 연구의 배경 및 목적

인류의 문명과 문화의 발전 가운데, 기술의 발전은 여러 분야에서 괄목할만한 성장과 변화를 일으켜 왔다. 이러한 발전과 변화에 항상 불편한 이면으로 존재해 온 것이 바로 환경 문제인데, 사실상 산업 혁명기 이후 인류는 이러한 어두운 면을 불가피한 다른 면으로 여기고 지내오고 있었다고 볼 수 있다. 이후 특히 20세기 후반부터 기후학을 비롯한 여러 학문분과에서 기후변화의 위기 상황을 알려 왔다. 그러나, 현실적인 경제 성장과 산업계의 이해 관계는 기후 변화에 대한 대응이 최우선 이슈가 아님을 여러 상황 가운데에서 사회 구성원들이 이해하게 되고 그 속에서 현실적으로 할 수 있는 것들을 준비하는 단계로 나아가게 되었다.

그러나, 최근의 기후학을 포함한 국제기구에서 제시하고 있듯이 1.5도씨 가설이 현실화된다면, 그동안 우리가 믿어 오던 자연의 복원력에 의한 기후변화의 악영향으로부터의 회복이 아니라, 그동안 겪어 보지 못했던 상황을 현실로 맞게 될 수 있는 "아직 안 가본" 미래가 우리를 기다리고 있다. 이 책을 통해 저자가 관심을 가지고 있는 것은 '물"이다. 앞으로의 인류의 문화와 문명의 향배는 물에 상당 부분 종속될 가능성이 있다고 보는 입장에 귀를 기울이고 있다.

이 책을 기획함에 있어서 가장 먼저 착안한 점은 이제 어느 누구나 일정 수준 이상의 교육을 통해 기후 변화가 주는 부정적 의미에 대해서는 모르는 사람이 없어졌다고 볼 수 있다.

그렇다면 우리는 무엇을 할 수 있을 것인가? 산업계, 정부의 노력으로 가능한 부분이 있겠고, 시민들의 자발적 참여로 가능한 부문도 있을 것이다. 그러나, 자연과 기후라는 거대한 차원을 뒤엎을 만큼 강한 인간이나 사회 국가는 존재하지도 않았고, 앞으로도 그럴 것이다. 그렇다면 이런 제약 조건 하에서 무엇을 해야 하는지에 대해서도 진지한 논의가 필요하다. 물론 이 경우에도 최선을 다하는 노력은 경주한다는 가정 하에서 말이다.

이러한 배경을 드리운 후 이 책을 통해 전개하고자 하는 논의는 물에 집중된다. 특히 우리는 이미 공해로 뒤범벅된 대기, 저하된 공기의 질을 논의하다 보면 강우 즉 비는 당연히 산성비임을 인지하고 산성비는 나쁜 것이라는 인식을 가지고 있다. 그러나 대부분의 강우가 산성비의 요소를 가지고 있다면, 이를 잘 활용할 방법을 찾아야 하지 않을까?라는 생각이 이 책을 시작하게 된 동기이다.

산성비도 가뭄보다는 낫다. 이 명제는 어느 누구도 부인하기는 어려울 것이다. 왜냐하면 산성비는 우리가 가지고 있거나 발전시킬 기술로 재활용할 방안을 모색할 수 있으나, 가뭄은 만약 일정 시기에 전 지구적으로 이러한 시기가 온다면, 천문학적인 비용을 치루어야만 대응이 가능해질 것이기 때문이다. 이 책에서는 이러한 인식을 바탕으로 하여 다음의 논의를 전개해 보고자 한다. 즉, 산성비가 전기 생산에도 활용될 수 있고, 정수 과정을 거친 후에는 유용하게 활용될 수 있으므로, 대기 오염의 정도가 비교적 강한 지역에서도 빗물의 활용에 보다 적극적인 태세를 갖출 필요성이 있으며, 이는 미래 관점에서 가뭄이 장기화될 때엔 유용한 교훈이 될 것으로 보아진다.

2. 책의 범위 및 내용

이 책의 1장에 이어 2장에서는 기후변화와 관련된 개념들에 대한 검토를 수행하였고, 이어서 3장에서는 온실가스와 국제적 노력들이라는 제목 하에

제1절. 화석연료사용과 기후변화 연관성, 제2절 이전 시기의 기후변화 요인에 대한 분석 및 접근, 제3절 기후변화 국제협약의 내용과 각국의 대응, 제4절 시계열 데이터로 본 기후변화 트렌드를 제시해 본다. 특히, 제3장 4절에서는 IMF와 EU의 데이터를 활용한 시계열 분석을 시행하였는데. Fourier 분석을 통하여 시계열 데이터 기간 동안의 주기(Cycle)에 대한 계산을 시도하여 보았다. 이를 통해 최근 언급되고 있는 1.5도씨 가설이 주는 의미와 심각성에 대한 백업이 됨을 시사점으로 도출할 수 있었다.

4장에서는 산성비의 활용: 전기 생산과 커뮤니티 구성이라는 제목 하에, 제1절 산성비의 생성과정의 개념적 제시, 제2절 산성비를 활용한 전기의 생산, 제3절 오스모시스(역삼투)법과 Ion Exchange 법, 제4절 전기 생산 메카니즘 이외의 황산의 활용을 다루어 보았고, 5장에서는 국가별 기후 변화 및 산성비 개관으로 국가별 기후변화 적응 및 산성비 개관을 제시해 보았는데, 캐나다, 인디아, 라오스의 사례들을 살펴보았다.

이 책의 마지막 장에서는 간략한 마무리와 정책적 시사점들을 제시하고 있다.

제2장 기후변화와 관련된 개념들에 대한 검토

기후변화는 이제 전문가들의 입에서만 맴도는 전문 용어가 아니라 지구상의 모든 계층과 연령, 직업군에서 통용되는 언어가 되었다. 이에 따라 다양한 논점의 주장과 이론들이 전개되고 있다. 2장에서는 이러한 흐름 속에서 공통된 이제까지의 주요한 개념들을 살펴본다.

제1절 기후 변화 취약성과 평균 온도 1.5℃ 시나리오

1. 기후 변화 취약성 개념과 지구 평균 기온 상승의 시사점

기후 변화 취약성의 개념

기후 변화 취약성은 특정 지역, 집단 또는 생태계가 기후 변화의 부정적인 영향을 받을 가능성을 의미한다. 취약성은 다양한 요인에 의해 결정되며, 이는 지리적 위치, 경제적 상황, 사회적 인프라, 자원 이용, 기술 수준 및 대응 능력 등에 의해 영향을 받는다. 취약성이 높은 지역 또는 집단은 기후 변화로 인해 식량 안보 문제, 자연재해 증가, 수질 오염 증가 등과 같은 부정적인 영향을 더 많이 겪을 가능성이 있으므로 기후 변화 취약성을 평가하고 줄이는 것은 지속 가능한 발전 및 적응력을 향상시키는데 중요한 역할을 한다.

아래의 그림에서 보듯이, 기후 변화 취약성은 적응 능력과 잠재적 영향에 의해 영향을 받는데[1], 기후 변화 관련 문헌에서 기후변화 적응능력은 기후 변화로 인한 부정적인 영향을 최소화하고, 변화에 대한 조치를 취하거나 적응하는 능력을 의미하며, 기후 변화에 대한 적응능력을 향상시키기 위한 노력은 사회, 경제, 환경적 측면에서 다양한 차원에서 이루어진다.

기후변화 적응 능력은 다음과 같은 요소에 의해 결정될 수 있다.

- 국가 및 지역의 정책 및 제도: 기후 변화에 대한 적응을 위한 적절한 정책과 제도가 필요하다. 이는 법률, 규제, 재정 지원 등을 포함한다.

- 사회적 및 경제적 기반: 교육, 보건, 경제 다양성 등 사회적 경제적으로 안정된 기반을 확보하는 것은 기후 변화에 대한 적응 능력을 향상시키는데 중요하다.[2]

- 기술과 혁신: 기후변화에 대응하기 위한 새로운 기술 및 혁신의 개발과 보급은 적응능력을 향상시키는데 중요한데, 구체적으로는 에너지 효율성, 식량 생산, 자연재해 예측 등의 분야의 개선을 의미한다.

- 지역 및 생태계의 다양성: 생태계의 다양성을 보호하고 지역사회의 지식과 경험을 활용하여 기후변화에 대한 적응 능력을 향상시키는 부문이다.

1) Organization WH, Others. Operational framework for building climate resilient health systems. World Health Organization; 2015 Pachauri RK, Allen MR, Barros VR, Broome J, Cramer W, Christ R, et al. Climate change 2014: synthesis report. Contribution of Working Groups I, II and III to the fifth assessment report of the Intergovernmental Panel on Climate Change. Ipcc; 2014.
2) Cann KF, Thomas DR, Salmon RL, Wyn-Jones AP, Kay D. Extreme water-related weather events and waterborne disease. Epidemiol Infect. 2013;141(4):671-86.

이러한 요소들을 고려하여 적응능력을 향상시키는 노력은 기후변화로 인한 부정적인 영향을 최소화하고 지속 가능한 발전을 촉진하는 데 중요한 역할을 하는 것을 말한다. 이에 비교하여 기후변화의 잠재적 영향은 광범위하며 다양한 측면에서 나타날 수 있다. 주요 영향은 다음과 같다

- 기후 이상 현상: 기후변화로 인해 폭염, 강우량 변화, 가뭄, 폭우 등과 같은 기후 이상 현상이 발생할 가능성이 있는데, 이러한 현상은 농업, 수자원 관리, 자연재해 발생 등에 부정적인 영향을 줄 수 있다.[3]

- 해수면 상승: 지구 평균 기온 상승으로 인해 빙하 및 빙산의 녹음과 열 팽창으로 인해 해수면이 상승하는 것으로 인해 해안 침식, 해안 지역의 침수, 소금 침식 등의 문제가 발생할 수 있다.

- 생태계 변화: 온난화로 인해 생태계의 분포 및 생물 다양성이 변화할 수 있으며, 일부 종은 멸종 위기에 처할 수 있다.

- 농업 및 식량 보안: 기후 변화로 인해 작물 생산이 감소하거나 변화할 수 있으며, 가뭄, 범람 및 식물 질병 등의 문제로 인해 식량 생산에 영향을 줄 수 있다.

- 인간 건강: 기후 변화는 인간 건강에도 영향을 미칠 수 있다. 공기 및 물의 질이 변화하고 기후 이상 현상으로 인한 재난은 질병 전파 및 건강 문제를 야기할 수 있다.[4]

이러한 잠재적 영향들은 기후 변화의 심각성을 강조하며, 적극적인

---

3) Johnson PM, Brady CE, Philip C, Baroud H, Camp JV, Abkowitz M. A factor analysis approach toward reconciling community vulnerability and resilience indices for natural hazards. Risk Anal. 2020;40(9):1795-810.
4) Lundgren L, Jonsson A. Assessment of social vulnerability. Cent Clim Sci Policy Res. 2012;9:1-15.

대응 및 적응책이 필요함을 시사해 주고 있다.[5]

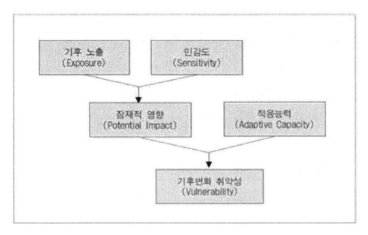

〈그림 2-1〉 기후 변화 대응의 주요 개념들

기후 변화의 잠재적 영향에는 기후 노출과 민감도가 주변수로 영향을 주는데, "기후 노출"은 개인, 사회 또는 시스템이 기후 변화의 부정적인 영향을 직간접적으로 경험하는 정도를 가리키며, 이 용어는 취약한 지역이나 집단이 기후 변화의 영향을 받을 가능성이 높은 정도를 설명하는 데 사용된다. 기후 노출은 다음과 같은 요소에 의해 영향을 받는다.[6]

---

5) Flanagan BE, Gregory EW, Hallisey EJ, Heitgerd JL, Lewis B. A social vulnerability index for disaster management. J Homel Secur Emerg Manag 2011;8(1).

6) Hinkel J. "Indicators of vulnerability and adaptive capacity ''': towards a clarification of the science - policy interface. Glob Environ Chang. 2011;21:198-208.
Rappold AG, Reyes J, Pouliot G, Cascio WE, Diaz-Sanchez D. Community vulnerability to health impacts of Wildland fire smoke exposure. Environ Sci Technol. 2017;51(12):6674-82.

- 지리적 위치: 기후 노출은 지역의 지리적 특성에 따라 다를 수 있다. 즉, 해안 지역, 건조 지역 또는 고산 지역과 같이 특정 지역은 특히 기후 변화의 영향을 크게 받을 수 있다.
- 사회경제적 요인: 사회 및 경제적 요인은 기후 노출을 결정하는 데 중요한 역할을 하는데, 빈곤층, 소득 불평등, 사회적 격차가 큰 지역이나 집단은 기후 변화의 영향을 더욱 크게 받는다.
- 인프라 및 건강 시스템: 취약한 인프라 및 건강 시스템은 기후 변화에 대한 적응 및 대응 능력을 제한할 수 있고 기후 노출을 더욱 악화시킬 수 있다.
- 자연재해 및 환경 위협: 자연재해 발생률이 높거나 환경 위협이 큰 지역은 기후 노출이 증가할 수 있다. 이는 홍수, 가뭄, 폭풍 등과 같은 자연재해의 위험성과 함께 지속적인 환경 파괴로 인한 영향을 포함한다.
- 기후 노출 평가: 취약한 지역 및 집단에 대한 적절한 대응 및 보호를 위해 중요한데, 이를 통해 기후 변화의 부정적인 영향을 최소화하고 지속 가능한 발전을 촉진할 수 있다.

기후 변화 민감도는 기후 변화 연구문헌에서 자연 및 인간 시스템이 기후 변화에 대해 얼마나 민감하게 반응하는지를 나타내는 지표이며, 이는 다양한 요인에 따라 변할 수 있고, 주요 요인은 다음과 같다.

- 지리적 특성: 특정 지역은 다른 지역보다 기후 변화에 민감할 수 있어서 해안 지역은 해수면 상승 및 폭풍과 같은 기후 변화의 영향을 더 크게 받게 된다.
- 생태계 및 생물 다양성: 생태계의 다양성이 높은 지역은 기후 변

화에 민감할 수 있다. 생태계는 온난화, 가뭄, 해수면 상승 등과 같은 변화에 더 취약할 수 있다.[7]

- 경제 및 사회적 요인: 사회 및 경제적 요인은 기후 변화에 대한 민감도를 결정하는 데 영향을 미쳐서 빈곤, 교육 수준, 인프라 투자 및 기술 개발 수준은 기후 변화에 대한 적응 및 대응 능력을 결정할 수 있다.
- 자연재해 위험: 기후 변화는 자연재해의 빈도와 강도를 증가시킬 수 있으며, 이는 특정 지역의 기후 민감도를 증가시킬 수 있다. 홍수, 가뭄, 폭풍 등의 자연재해는 인프라 파괴, 생계 손실 및 인명 피해를 초래할 수 있다.

기후 변화 민감도를 평가하고 이해하는 것은 취약한 지역 및 집단을 식별하고 적절한 대응을 하는 데 중요하며 이를 통해 기후 변화의 부정적인 영향을 최소화하고 지속 가능한 발전을 촉진할 수 있다.

본 책에서는 기후변화의 여러 부문 중 특히 강우를 포함한 산성비에 집중하고자 하는데, 보다 넓은 관점에서는 지구 상의 물의 활용이라는 주제를 포함한다고 볼 수 있다. 이와 관련하여 수많은 선행 유관 연구들이 있는데, Lonergan et al.(1999)의 경우 인간정주/기반시성과 거버넌스 부분을 추가하여 자연적 노출정도와 대응능력평가를 포함한 취약성(Index of Human Insecurity, IHI) 평가를 실시

7) Levison MM, Butler AJ, Rebellato S, Armstrong B, Whelan M, Gardner C. Development of a Climate Change Vulnerability Assessment Using a Public Health Lens to Determine Local Health Vulnerabilities : An Ontario Health Unit Experience 2018;8-12.
Voelkel J. Assessing Vulnerability to Urban Heat : A Study of Disproportionate Heat Exposure and Access to Refuge by Socio-Demographic Status in Portland, Oregon. 2018;

하였다. Moss et al.(2001)은 인간정주/기반시설, 보건/복지, 경제 분야와 생태계 분야에 대하여 총 17개의 대리 변수를 이용하여 취약성(Vulnerability -resilience indicators)[8])을 산출하였고, Brooks et al.(2005)은 여기에 농업, 교육, 기술 분야에 대한 대리 변수를 추가하여 취약성(National-level vulnerability)을 산출하였다. [9])

지금까지 여러 연구에서도 IPCC 에서 사용한 개념인 상향식 방법을 사용하여 왔는데,[10]) 이들의 접근방법은 외국 주요 연구들인 IPCC(2007), UNDP(2005) 등의 개념적 틀을 기초로 대리 변수들의 선정 과정과 결과를 정리할 수 있다.[11])

8) Field CB, Barros V, Stocker TF, Dahe Q. Managing the risks of extreme events and disasters to advance climate change adaptation: special report of the intergovernmental panel on climate change. Cambridge: Cambridge University Press; 2012.
Maier G, Grundstein A, Jang W, Li C, Naeher L, Sheppard M. Assessing the performance of a vulnerability index during oppressive heat across Georgia, United States. Am M. 2014:253–63.
9) Lian H, Ruan Y, Liang R, Liu X, Fan Z. Short-term effect of ambient temperature and the risk of stroke: a systematic review and meta-analysis. Int J Environ Res Public Health. 2015;12(8):9068–88.
Bouchama A, Dehbi M, Mohamed G, Matthies F, Shoukri M, Menne B. Prognostic factors in heat wave – related deaths. Am Med Assoc. 2007;167(20):1–7.
10) IPCC. (2001). *Climate change 2001: Synthesis report*. Intergovernmental Panel on Climate Change (IPCC).
11) Field, C. (2014). *IPCC, Emergent risks and key vulnerabilities. Climate change 2014: Impacts, adaptation, and vulnerability. Part A: Global and sectoral aspects*. Cambridge, UK: Cambridge University Press.

<表2-1> 주요국의 기후변화 관련 주요개념들

기관명	정 의
IPCC	기후 다양성과 극한 기후 상황을 포함한 기후변화의 역효과에 대한 한 시스템의 민감도, 또는 대처할 수 없는 정도
UNDP	기후 변동이나 스트레스에 대한 노출과 이에 대한 대처, 회복, 적응능력에 따른 노출 단위의 위험에 대한 민감도
	일정 범위의 유해한 변동에 대한 환경적, 사회적, 경제적, 정치적 노출을 통합하는 인간의 복지수준을 총체적으로 측정하는 수단
UK CIP	특정 위험상황에서 야기되는 손해의 범위를 뜻함 IPCC의 정의를 바탕으로 하며, 취약성은 시스템의 민감도뿐 아니라 적응능력에 의해서도 결정됨
UNFCCC	사회, 인구, 생물종, 생태계, 지역, 농업시스템이나 그 외 다른 수량이 기후변화의 역효과에 민감한 정도, 또는 대처할 수 없는 정도
UN/ISDR	물리적, 사회적, 경제적, 환경적 요소나 과정에 의해 결정되는 조건으로 위험의 영향에 대한 지역사회의 민감성을 증가시킴
Austrailan Greenhouse Office	자연계와 인간 사회가 기후변화, 다양성, 극한 기후상황의 부정적 영향에 대처할 수 없는 범위. 시스템이나 사회의 민감도, 적응능력뿐만 아니라 기후변화에 의해서도 좌우됨
Tomkins (2000)	개인이나 집단, 시스템이 위험이나 스트레스에 노출되어 나타나는 위험과 그에 대한 대처, 회복, 적응능력에 대한 민감도
Pew Center (2004)	기후변화에 대한 시스템의 민감도 측정지표로 시스템의 노출, 민감도, 적응능력의 함수임
U.S. Energy	기후변화에 대한 시스템 혹은 과정의 민감도(기후 투입변화에 따른 결과 혹은 특성의 변화 정도)와 시스템의 적응성(변화가 새로운 조건을 활용 할 수 있는 정도)
Blakie et al. (1994)	자연재해의 영향에서 회복할 수 있는 정도를 포함한 개인이나 집단의 노출
Kelly and Adger(2000)	개인이나 사회집단이 생계와 복지에 영향을 주는 외부적 스트레스에 대처하고 회복하며 적응할 수 있거나 없는 능력
Brooks (2003)	리스크는 기후위해와 취약성의 함수이며, 여기서 취약성은 기후위해와 별개로 시스템내 에 존재하는 상태로서 사회적 취약성과 동일한 의미
한화진 등 (2006)	취약성이란 어떤 노출단위가 혼란 상태나 스트레스에 의한 노출에 기인한 피해에 민감한 정도와 노출 단위의 대처, 회복 또는 근본적인 적응 능력 정도

한화진 등(2007), 고재경(2009) 수정 및 보완

국내에서 이뤄진 대부분의 연구는 해외문헌 및 여러 기구에서 제

안된 취약성 지표로 기후변화 적응의 개념을 고려한 취약성-탄력성 지수(Vulnerability-Resilience Index, VRI)[12]를 상향식 방법으로 사용하고 있으며, 다양한 표준화 방법 중에서 하나의 방법으로 취약성 지수를 도출하도록 구성되어 있다.[13] 이후 우리나라의 특성을 반영할 수 있는 기후변화 취약성 연구가 지속적으로 이루어지고 있다 (김연주 등, 2010; 이재범 등, 2010; 고재경, 2011; 유정아 등, 2011; 국립환경과학원, 2011 등)[14]

부문별로는 기후변화 적응 연구의 대부분은 물, 건강, 수자원 등 부문별 기후변화 영향 평가 위주로 이루어지고 있다. 기후변화에 대한 잠재적 영향과 적응능력을 기준으로 취약성의 유형과 특성을 분석하고(고재경 등, 2011), 전국 지자체 단위 기후변화 부문별 취약성 평가를 위한 표준화 방법론을 개발하고(유정아 등, 2011), 한반도 기후 변화 적응을 위한 취약성 지수 산정방법을 찾는(김철희 등, 2011) 등 기후변화 취약성에 대한 활발한 연구가 수행되어 왔다. 시점 상으론 미래시점(2020년대, 2050년대)에 대하여 절충형 접근방법으로 취약성 평가를 실시한 연구 예들도 있는데, '지자체 기후변화 부문별 취약성 평가 고도화(이동근 등, 2012)'에서는 기존의 모든 대용변수에 대하여 표준화를 적용하고, 기존 시나리오와 신 시나리오의 비교, 대리변수 개선, 취약성 평가결과의 절대적 기준 등급을 제시하였다.

---

12) Reid CE, Mann JK, Alfasso R, English PB, King GC, Lincoln RA, et al. Evaluation of a Heat Vulnerability Index on Abnormally Hot Days : An Environmental Public Health Tracking Study 2012;120(5):715-720.
13) Berry P, Enright PM, Shumake-guillemot J, Prats EV, Campbell-lendrum D. Assessing health vulnerabilities and adaptation to climate change : a review of international Progress. 2018;
14) Li, L., Cao, R., Wei, K., Wang, W., & Chen, L. (2019). Adapting climate change challenge: A new vulnerability assessment framework from the global perspective. *Journal of Cleaner Production*, 217, 216 -224.

〈표2-2〉 기후변화의 대용 변수들

대용변수	정의
기후노출	기후변화 영향을 대신할 수 있는 변수(기후요소)
민감도	기후노출 영향정도의 크기를 조절하는 변수(사회, 경제적 통계 자료)
적응능력	기후변화 영향을 감소시킬 수 있는 변수(사회, 경제적 통계 자료)

사회과학 분야, 특히 정책학의 과학기술정책, 환경 정책, 정책 분석평가 부문에서도 기후 변화에 관심을 갖고 있는데, 기존 취약성 평가와 적응대책의 한계점에 대한 접근을 시도해 오고 있다. 즉 그동안 분야별로 취약성이 도출되었으나, 어느 수준으로 적응대책이 집행, 실행되었는지 판단이 어려우며, 정책 평가의 여러 기법이나 방법론의 개발이 부진하고, 정책 환류의 관점이 부족하다는 것이다.특히, 피해 영향 및 취약성 평가에 따른 적응 대책 이행 평가가 하나의 완전한 사이클로 완성되어야 할 필요성이 존재한다.

제 2절 지구 평균 기온 상승의 시사점

기후 변화와 관련해서는 정부 간 기구가 중요한 역할을 하고 있다. 유엔 차원의 기후변화 보고서를 발표하는 기후변화에 관한 정부간 협의체인 IPCC의 제 6차 보고서(AR6)는 지구의 평균 기온이 섭씨 1.5도와 2도의 온난화를 지날 시점에 대해 집중적으로 다룬 주요 출간 자료이다. 6차 보고서(AR6)는 과거 기후변화 관측, 기후 모델, 기후 민감성에 대한 새로운 추정치들을 활용하여, 미래 배출량 시나리오를 기반으로 2030-2035년 사이 1.5도 라는 온난화 목표를 넘어서거나 일시적으로 "도달"할 것으로 추정되는 최적의 예상 수치를 제공하고 있는데, 일반인들에게 까지 널리 알려진 바 있는 파리 협정의 주요 결론 중 하나인 지구 평균 기온 상승폭을 2도 이하로 제한하고 1.5도 이하로 묶기 위해 노력'한다는 파리협정의 문구가 줄 수 있는 치명적인 오류에 대하여 적시하고 있다. 즉 가이드 라인으로 제시된 기준인 지구 평균 기온 2도씨 상승의 의미는 섭씨 2도씨 까지의 상승을 용인할 수 있다는 것이 아님을 지적하고 있다. IPCC는 홈페이지에서 '왜 1.5도인가'라는 질문에 대해 기온이 1.5도만 오르더라도 지구상의 몇몇 지역과 취약한 생태계에는 커다란 위협이 된다"고 제시하고 있다.

주요국과 국제 기구 등의 기상 기후 학자들이 연구해 온 기후 모델들은 기존에 알려진 시나리오들 중 가장 엄격한 완화 조치의 시행을 가정하는 SSP1-1.9 시나리오에서도 21세기 중반에 섭씨 1.5도를 넘어설 것이라는 결과를 제시하고 있는데, 이러한 결과는 온실가스 배출량을 감축시키는 기술이 적극적으로 채용되고 이를 지렛대로 삼아 2100년까지 1.5도 선 아래로 하락시키고자 하는 시나리오의 추정치가 작동하기 전에 상승할 것을 시사하고 있는 것이다.[15]

지구의 평균 기온이 1.5도 선을 넘을 것으로 예상되는 시점은 2018년 IPCC의 '1.5C에 대한 특별보고서 (SR15)에서 제시한 대안들 중 "가장 빠른 시기"의 경우가 되는데, 이는 6차 보고서에서 발표한 수치들과도 일관된 추정치라 볼 수 있다. 즉, 근시일내에 강력한 기후 변화 대응의 완화 조치가 시행되지 않을 경우, 미래 배출량 시

---

15) Kosatsky T, Henderson SB, Pollock SL. Shifts in mortality during a hot weather event in Vancouver, British Columbia: rapid assessment with case-only analysis. Am J Public Health. 2012;102(12):2367–71.

나리오는 2040년에서 2050년 초반 사이에 2도씨 zone을 통과할 것
으로 추정하고 있다.[16]

배출가능한 "탄소 예산"의 잔여량

탄소예산이란 지구 평균기온 상승을 특정 온도 이내로 제한하기
위해 인류에게 허용되는 온실가스 배출 총량을 의미하는데, 온난화를
1.5도로 억제하는 확률을 50%로 만들기 위한 '1.5도에 대한 특별보
고서 (SR15)'에서 제시하고 있는 것은 2021년 1월 기준으로 전 세
계가 약 460억 톤의 CO_2 (Gt CO_2) 또는 2020년 현재 배출량을 11
년 반 동안만 배출해야 한다는 점이었다.

그리고 온난화 1.5도 억제 확률을 66%로 만들기 위한 탄소 예산
은 6차 IPCC 보고서에서 기후 민감성의 범위가 좁혀지면서 약간
증가했고, 당연히 2도로 제한하기 위한 잔여 탄소 예산도 증가되는
방향으로 영향을 받았다.

더 나아가, IPCC 보고서는 1.5도와 1.7도 각각의 설정된 온도 수
치를 더 높은 확률(83%)과 더 낮은 확률(17%)로 제한하는 것 뿐만
아니라 온난화를 1.7도로 제한하기 위한 새로운 탄소 예산에 대해서
소개하고 있다.[17]

16) Lavigne E, Gasparrini A, Wang X, Chen H, Yagouti A, Fleury MD, et
al. Extreme ambient temperatures and cardiorespiratory emergency
room visits: assessing risk by comorbid health conditions in a time
series study. Environ Heal A Glob Access Sci Source. 2014;13(1):1-8.
Fuhrmann CM, Sugg MM, Konrad CE, Waller A. Impact of extreme
heat events on emergency department visits in North Carolina (2007-
2011). J Community Health. 2016;41(1):146-56.
17) Matz CJ, Egyed M, Xi G, Racine J, Pavlovic R, Rittmaster R, et al.
Health impact analysis of PM2.5 from wildfire smoke in Canada
(2013—2015, 2017--2018). Sci Total Environ. 2020;725:138506.

과거 IPCC 보고서에 비해 최근의 IPCC 보고서는 미래 온난화의
더 좁은 범위를 예측하고, 지난 몇 년 동안 역사적으로 관측된 자료
를 더 많이 추가하면서, 중요한 온난화 단계로의 임계점과 이를 막기
위한 예산적 노력에 대한 시사점을 제시해 주고 있다.

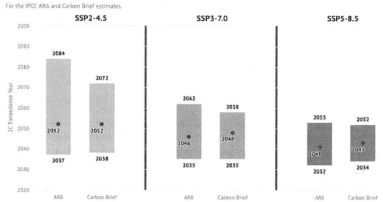

〈그림 2-2〉 1.5C와 2.0C 시나리오 (IPCC사이트:https://www.ipcc.ch/sr15/graphics/

제3장 온실가스와 국제적 노력들

제1절. 화석연료사용과 기후변화 연관성

대기를 구성하는 여러 가지 기체들 가운데 온실효과를 일으키는 기체를 '온실가스'라 하며, 온실가스로는 이산화탄소(CO_2), 메탄(CH_4), 아산화질소(N_2O), 프레온(CFCs), 수소불화탄소 (HFCs), 과불화탄소 (PFCs), 육불화유황 (SF_6), 오존(O_3) 등이 있다.[18] 이 중 제3차 당사국총회(COP : Conference of the Parties)에서는 이산화탄소(CO_2), 메탄(CH_4), 아산화질소(N_2O), 수소불화탄소(HFCs), 과불화탄소(PFCs), 육불화유황(SF_6)을 6대 온실가스로 지정하였다 〈그림 1〉. 이들 온실가스들이 지구온난화에 기여하는 정도는 IPCC가 제시한 지구온난화지수(Global Warming Potential, GWP)를 통해 알 수 있으며, 이산화탄소를 1로 보았을 때, 메탄은 21, 아산화질소 310, 프레온가스 1,300 ~ 23,900이다.

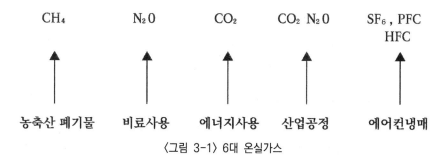

〈그림 3-1〉 6대 온실가스

18) Bell ML, Zanobetti A, Dominici F. Who is more affected by ozone pollution? A systematic review and meta-analysis. Am J Epidemiol. 2014;180(1):15-28.

이산화탄소는 지구 온난화 지수는 낮지만 규제 가능한 가스 (Controllable Gas)로서 전체 온실가스의 80% 정도를 차지하고 있어서 6대 온실가스 중 가장 중요한 온실가스로 보게 된다.

〈표 3-1〉 온실가스의 종류

	CO_2	CH_4	N_2O	HFCs PFCs SF_6
배출원	에너지 사용 산업공정	농업 축산 폐기물	산업공정 비료	냉매 세척용
지구 온난화 지수 (CO_2=1)	1	21	310	1,300- 23,900
온난화 기여도(%)	55	15	6	24

18세기 후반 시작된 산업혁명 이래 대기 중 이산화탄소의 양은 꾸준히 증가하고 있는 추세이다. 과학자들에 따르면 화석연료의 연소와 토지 이용의 변화를 포함한 다양한 인간 활동에 의해 대기 중 이산화탄소의 양이 급증했다고 한다. 지구 전체로 보면, 화석연료의 연소로 인해 연간 54억t의 이산화탄소가 방출되고 있으며, 나무를 벌채해 태우는 과정에서도 19억t 가량의 이산화탄소가 발생한다. 또한 자동차, 비행기, 기차 등 교통수단의 운행을 위해, 집이나 상점, 회사 의 냉난방을 위해, 전기생산을 위해, 공장에서 제품의 생산을 위해 어마어마한 양의 화석연료를 연소시킴으로 이산화탄소의 배출이 증가하게 되었다.〈그림 2〉 다른 한편으로는 삼림의 상업적 벌채에 의한 파괴에 따른 자연의 이산화탄소를 흡수 능력이 감소하여 지구의 이산화탄소 자정능력을 넘어서게 되었다. 산업혁명 이래 인간사회는 경제성장 제일주의의 산업화과정을 통해 이산화탄소의 배출을 누적적으로 증가시켜온 것이다.[19]

---

19) Basu R. High ambient temperature and mortality: a review of

이 증가 속도는 최근 2만년 동안 전례가 없는 속도인 것으로 나타났다. 이와 같은 온실가스의 대기 중 농도 증가가 지구 온난화와 어떤 연관이 있는지를 설명하기 위하여 과학자들은 복잡한 기후모델을 사용하고 있으며 사용된 모든 기후모델의 실험결과 20세기 지구 온난화는 인간 활동에 의한 온실가스의 대기 중 농도 증가가 그 주된 원인임을 규명하였다.[20]

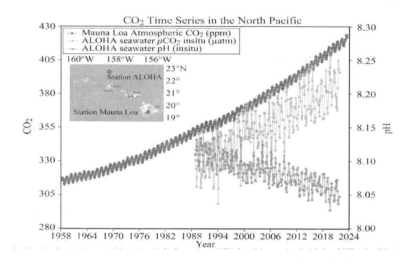

〈그림 3-2〉 CO_2농도 및 배출량 증가 Hawaii Carbon Dioxide Time-Series
미국기상청:https://www.pmel.noaa.gov/co2/file/Hawaii+Carbon+Dioxide+Time-Series

epidemiologic studies from 2001 to 2008. Environ Heal A Glob Access Sci Source. 2009;8(1):1-13.
Li M, Gu S, Bi P, Yang J, Liu Q. Heat waves and morbidity: current knowledge and further direction-a comprehensive literature review. Int J Environ Res Public Health. 2015;12(5):5256-83.
20) Buse CG, Lai V, Cornish K, Parkes MW. Towards environmental health equity in health impact assessment: innovations and opportunities. Int J Public Health. 2019;64(1):15-26.

1750년 이후 이산화탄소, 메탄, 아산화질소의 대기중 농도는 1992년 기준으로 각각 30 %, 14.5 %, 15 % 증가하였으며, 1980년부터 1990년동안 이산화탄소, 프레온가스, 메탄, 아산화질소 등의 온난화 영향은 각각 55 %, 17 %, 15 %, 6 %로 나타났다(국립환경연구원 1992). 이것은 이산화탄소가 다른 온실기체와 비교하여 상대적으로 높은 증가 추세를 보이고 있으며, 온난화영향 역시 타 온실기체에 비해 상대적으로 많이 끼치는 것을 알 수 있다.[21]

이러한 이산화탄소의 영향 및 대기 중 농도증가의 추세를 고려할 때 앞으로 지속적인 기온상승에 의한 지구온난화의 심화가 예상된다.

온실가스 중 대부분을 차지하는 이산화탄소는 주로 화석연료의 연소에서 발생하기에 대부분의 국가들이 지구온난화에 공통적인 책임이 있다고 할 수 있다. 하지만, 온실가스 분자가 대기 중에서 분해되어 더 이상 열을 흡수하지 않게 되는 데는 상당한 시일이 걸린다.[22] 예를 들어, 이산화탄소의 경우 50년 내지 200년이 소요된다고 한다. 즉, 오늘날 지구온난화를 가져온 이산화탄소는 18세기 산업혁명 이래 분해 되지 않고 꾸준히 대기 중에 축적된 것이다. 그러므로 지금 인류가 당면하고 있는 지구온난화에 대한 주된 책임은 산업화를 먼저 시작해서 화석연료를 더 먼저 더 많이 소비해온 선진국들에게 있

---

21) Morzaria-Luna, H. N., Turk-Boyer, P., & Moreno-Baez, M. (2014). Social indicators of vulnerability for fishing communities in the Northern Gulf of California, Mexico: Implications for climate change. *Marine Policy*, 45, 182-193.

22) Fletcher BA, Lin S, Fitzgerald EF, Hwang SA. Association of summer temperatures with hospital admissions for renal diseases in New York state: a case-crossover study. Am J Epidemiol. 2012;175(9):907-16.
Berko J, Ingram DD, Saha S. Deaths Attributed to Heat, Cold, and Other Weather Events in the United States, 2006-2010. Natl Health Stat Report 2014;(76):2006-10. Available from: https://www.cdc.gov/nchs/data/nhsr/nhsr076.pdf

다고 볼 수 있다.

개발도상국은 산업화의 역사가 짧아 기후변화에 대한 책임이 거의 없으면서도 지리적 위치나 낮은 기술수준과 경제력으로 선진국보다 기후변화의 위험에 더 취약할 뿐만 아니라 기후변화에 적응할 수 있는 능력 또한 부족하다. 역사적으로 선진국이 온실가스를 많이 배출 하였을 뿐 아니라 1990년 현재 선진국들은 세계 인구의 1/4가량의 인구 규모로 총 이산화탄소 배출의 2/3를 점하고 있다. 특히 미국은 세계 인구의 5%도 채 되지 않으면서 이산화탄소 배출량은 25% 정도 나 된다. 선진국 인구 한 명의 배출량이 개발도상국 인구 11명의 배 출량과 맞먹을 정도로 1인당 배출량이 현저한 차이를 보이고 있다.

제2절 이전 시기의 기후 변화 요인에 대한 분석 및 접근

1) 지속가능성과 ESSD(Environmentally Sound and Sustainable Development)

지속 가능성과 환경적으로 건전하고 지속 가능한 발전(ESSD)의 개 념은 성장의 한계를 묘사한 맬서스와 리카르도의 이론으로부터 출발 했다. 이후 1960년대와 1970년대 클럽 로마 보고서를 통해 같은 논 리의 주장이 제기되었고, 이후 성장 한계에 대한 논의는 20세기 후 반 지속 가능성이라는 이름으로 이루어졌다. 이는 "환경"과 "전통적

인 경제발전"의 영역 간에 초점을 좁히는 것이었다. 이 논의의 가정
은 개인의 복지가 시장과 환경재의 잠재적 소비 수준으로 측정될 수
있다는 논점을 핵심으로 한다. 경제적 발전이 두 가지 재화의 합을
줄이면 발전은 "지속 가능하지 않은" 것으로 간주된다는 것이다. 다
른 각도에서, 지속 가능성 개념은 "인간의 창출물 자본"과 환경 자본
의 합이 유지되어야 하며, 잠재적 소비 수준을 보존하기 위해 환경적
으로 건전하고 지속 가능한 발전으로 간주된다는 것을 의미한다. 이
것이 리우 회의에서 지속 가능한 발전 개념을 정립한 ESSD의 개념
이다. 회의에서는 다음과 같은 원칙들이 ESSD를 촉진하기 위해 수립
되었다.

자본 축적과 기술 발전의 속도 내에서 인구 증가 속도를 제한함 /
경제적 불평등 해소 /
생태적 균형, 재활용 가능한 자원, 문화 유산 보존 /
미래 세대의 선택을 제한할 수 있는 돌이킬 수 없는 변화 방지 /
발전 속도를 줄이고 주민들을 발전의 의사 결정 과정에 참여시킴 /
환경, 문화, 사회적 비용을 정부 예산에 포함 /
생태학적 원칙에 기반한 의사 결정.

지속 가능한 발전의 원대한 아이디어를 실현하기 위해서는 어떤
것이 필요할까? 이 질문에 대한 대답은 지속 가능한 기반에서 생산에
서 재활용으로의 패러다임 변화에 집중할 수 있도록 해준다. 지속 가
능성의 꿈을 실현하기 위해서는 "최대 성장 모델"에서 "지속 가능한
발전 모델"로의 이동을 의미하며, 이 두 패러다임 간의 비교를 표
3-2에 나타낼 수 있다.

<표 3-2> 성장모델의 비교

	Maximum Growth Model (Traditional Growth Model)	Sustainable Development Model
Economic Approach	Supply Side Emphasis	Demand Management with Sustainability
Economic Policy Goals	Economic Development, Industry Promotion **Philosophical Basis:** Policy aimed at expanding Supply Capacity	Focus on the balance on growth and environment **Philosophical Basis**: -Rather than increasing Supply unilaterally, a policy aimed at balancing growth and environment - Resolving Inter-Temporal(Inter-Generational) Issue of environment and development
Environmental Policy	**Control philosophy** : Following control philosophy, End of Pipe type control mechanism is set up. **Problems** 1. Market Failure in compliance in setting standards 2. Inter-Temporal issue becomes a Zero-Sum Game	**Systems Philosophy** -Life Cycle assessment for production and consumption cycles in a system perspective - Preventive mechanism **Benefits** 1. Inducing compliance by firms 2. Resolving Inter-Temporal issue as a Win-Win Game
Technology Development	**Firms:** focus on short term growth and expansion Environmental Regulation being considered as costs **Research Labs** Commercializing research and Environmental research are fragmented, and can not produce any synergy effect.	**Firms:** - R& D is costly in the short run, but beneficial to R& D intensive firms with full scale advent of the "Resource Re-utilization Society" **Research Labs**: -Life Cycle concept of production and consumption is utilized in selecting research topics
Consequence	Limit to Growth Cost Ineffective in the Long Run	Balancing between different welfare concepts

경제적 접근의 본질적인 측면에서 전통적인 성장 모델은 공급 측면 확장에 중점을 둔 반면, 지속 가능한 모델은 세대간 균형을 고려한 수요 관리에 초점을 맞춘다. 따라서 전통적인 모델 하의 경제 정책 목표는 용량(capacity)을 확대하기 위한 개발과 촉진이었다. 이 모델 하의 환경 및 오염 처리에 대한 통제 철학, 즉 "파이프 끝(End of pipe)"의 규제가 지배적이었다. 그러나 통제 중심 규제의 결과는 적어도 몇 가지 이유로 인해 시장 실패를 가져왔다. 하나는 규제의 "최적 수준"을 해독하는 것이 불가능했다는 것이다. 따라서 기술 발전에 따라 규제 기준이 개선될 수 있다는 이상은 차선의 선택이 될 뿐이다. 둘째, 현실적으로 기업은 기술적으로 가능한 것보다 낮은 규제 수준을 갖도록 정책 결정 과정에 영향을 미친다. 세 번째로, 이러한

이유로 사회에 전달된 신호는 더 많은 환경 파괴가 피할 수 없다는 것이었다. 시장 실패 요인의 영향을 받아 기업은 규제 정책 조치를 부담스러운 비용으로 간주하며, 따라서 단기적 개선에 집중한다. 불행하게도 전통적 패러다임 하의 연구 기관은 분열되어 있어 지속 가능성을 달성하기 위한 시너지 효과를 얻지 못했다. 전통적 모델로부터 감지할 수 있는 최종 결과는 환경과 개발의 세대간 문제의 "제로섬" 성질이다. 이에 반해, 지속 가능한 발전 모델은 생산에서 재활용까지의 전 과정을 포괄하는 체계적 접근에 초점을 맞추며, 기업은 자기 준수의 이유를 찾을 수 있고 세대 간 문제가 "양쪽 다 이길 수 있는" 게임이 된다.

지속 가능성 확보: 정책 변수의 중요성

이전 절에서 논의한 대로 "지속 가능성"을 달성하기 위해서는 패러다임 변화가 중요하다. 이 단계에서 핵심 질문은 이러한 변화를 실현하기 위한 작업 지렛대(Working Leverage)가 무엇인지에 대한 것이다. 여기서 정책 변수와 정책 분석의 중요성이 드러난다.[23]

전통적으로 환경 정책 문제는 환경 문제의 영역 내에서만 해결되어야 한다고 생각되어 왔다. 다시 말해, 환경 정책 문제의 중요성을 설명할 때, 전통적 접근 방식은 과학적 성격과 그 움직임을 중심으로 해 왔다. 이러한 추세에 대비하여 다른 접근 방식을 제안할 수 있다.

23) Oulahen G, Chang SE, Yip JZK, Conger T, Marteleira M, Carter C. Contextualizing institutional factors in an indicator-based analysis of hazard vulnerability for coastal communities. J Environ Plan Manag. 2018;61(14):2491-511.

환경 문제와 정책 변수를 포함한 경제 변수 간의 상호 연결성에 시야를 넓히는 것이다. 이러한 변화의 이유는 두 가지로 정당화될 수 있다. 첫째, CO_2 배출과 같은 환경 변화는 세계 경제의 생산과 소비 측면에서 명백한 영향과 원인 관계성을 가지고 있다. 따라서 실제 세계 생산 소비 측면에서 데이터 기반의 단서를 찾는 것이 "순수한" 과학적 지표 자체보다 더 나은 지렛대를 제공한다.[24]

둘째로, 경제 변수 중에서도 경제 정책 변수가 효과성을 고려해야 할 가장 중요한 변수여야 한다. 환경 지표는 실제 세계 경제 변수와 연결되어 있다고 언급했지만, 신중한 통찰력을 통하여 경제 정책 변수가 실제 세계 경제 변수에 영향을 미친다는 것을 밝혀낼 수 있다. 지속적인 세계화 시대에서 특히, 언제, 어디서 정책 변수가 향하는지를 이해하는 것은 환경 문제를 포함한 글로벌 문제에 대한 그 영향을 해석하는 데 중요한 통찰력을 제공할 것이다. 따라서 지속 가능성 문제로 돌아가면, 정책 변수의 차원을 이해하는 것이 이전에 멀리 떨어져 있는 것으로 보였던 지속 가능성 문제를 해결하는 데 결국 이르게 될 것이라는 주장은 타당하다.

CO_2와 온실 효과

이전 섹션에서 이어진 이 연구는 CO_2와 온실 효과를 예로 들어 경제 정책 변수가 환경 문제에 어떻게 영향을 미칠 수 있는지 살펴본

24) Nayak SG, Shrestha S, Kinney PL, Ross Z, Sheridan SC, Pantea CI, et al. Development of a heat vulnerability index for New York State. Public Health. 2018;161:127-37.
Veenema TG, Thornton CP, Lavin RP, Bender AK, Seal S, Corley A. Climate change-related water disasters' impact on population health. J Nurs Scholarsh. 2017;49(6):625-34.

다. 많은 논자들과 일반인들이 주지하듯이, "자연적" 온실 효과 외에
도, 주로 화석 연료 소비의 증가로 인한 CO_2의 증가가 중요한 환경
정책 변수로 간주되어 왔다. 이를 위해, 리우 유엔 회의(1992)에서는
2000년까지 CO_2의 총 배출량을 1990년 수준으로 줄이기로 합의되
었다. 이러한 국제적 협력은 환경 정책 문제가 국제적 관점에서 다뤄
져야 함을 명확히 보여준다.

1. Cluster Grouping and Determinants of CO2 Emission

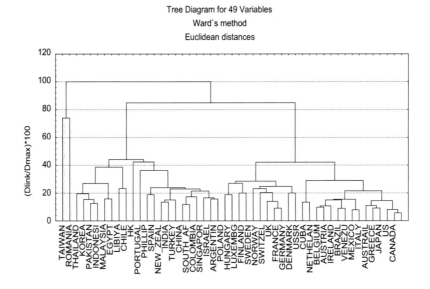

Legend: **Group 1**: From Canada to USSR (far right) / **Group 2:** from Denamrk to Poland
Group 3: Argentina to Hong Kong (3rd from right) / **Group 4**: Chille to Taiwan (far left)

〈그림 3-3〉 이산화탄소 배출 기준의 국가별 클러스터 결과

위의 클러스터 분석에서는 1980—1998년도 기간의 주요국들의 CO_2배출 패턴에 대한 시계열 데이터를 기반으로 한 분류인데, 본 책의 제2장 4절에서 다루고 있는 보다 종합적인 분석에 앞서 개괄적으로 이전의 데이터에 기반한 국가별 군집의 결과를 보여준다. 이러한 분석에서의 주요한 관찰점은 데이터 시기가 변경 즉 연장 되었을때의 국가별 그룹별 변동의 유무인데, 본고의 제 2장 4절에서는 이산화탄소이외에도 다른 몇가지의 배출물에 대한 흐름을 보고자 하며, 여전히 한 유형의 배출 가스에 어느 그룹에 속한 국가가 다른 유형의 배출물에서는 다른 그룹으로 편입되는 변화에 대하여 관찰할 필요성이 있고, 시사점을 도출할 수 있다면, 정책적 함의를 찾을 수 있을 것이다.

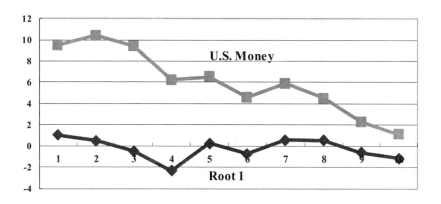

〈그림 3-4〉 이산화탄소 배출 변량의 주도적 영향 요인(미국 통화 공급량)

2001년의 연구[25]에서의 중요한 시사점은 주요국의 이산화탄소 배출 변량의 가장 주요한 부분이 미국의 통화 공급량과 공변 하는 정도

25) Kim, Junmo. "Economic Integration of Major Industrialized Areas." *Technological Forecasting & Social Change* 67, nos. 2-3 (2001)

가 매우 크다는 점이었다. 결국, 실물경제를 뒷받침하는 기축 통화의 화폐공급량 변화 패턴이 이산화탄소와 다른 배출물의 변화, 더 궁극적으로는 기후변화 대응에까지 영향을 주게 된다는 시사점을 주고 있다.

제3절 기후변화 국제협약의 내용과 각국의 대응

기후변화협약(UNFCCC)

온난화에 따른 미래에 대한 우려가 확산되면서 온실가스 배출을 억제하기 위한 전지구적인 노력의 결과로 1992년 브라질 리우데자네이루에서 열린 환경회의에서 "기후변화에관한 UN협약"(United Nations Framework Convention on Climate Change : UNFCCC)이 채택되어 1994년 3월에 발효되었다. 이 협약 하에서 규제대상 물질은 탄산·메탄가스·프레온가스 등을 포함하는데, 협약의 내용은 기본원칙, 온실가스 규제문제, 재정지원 및 기술이전문제, 특수상황에 처한 국가에 대한 고려로 편성되어 있다.[26] 이 회의 참가국 178개국 중 154개국이 서명하였으며, 차별화된 공동부담 원칙에 따라 가입 당사국을 부속서 국가와 비부속서 국가로 구분하여 각기 다른 의무를 부담하기로 결정하였다.

---

26) Füssel, H.-M. (2007). Vulnerability: A generally applicable conceptual framework for climate change research. *Global Environmental Change*, 17(2), 155-167.

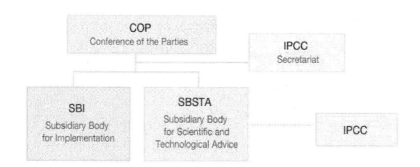

〈그림 3-5〉 기후변화에 관한 UN협약 구조도

(1) 기후변화협약의 주요내용

조문	주요내용
전문	· 지구온난화에 대한 선진국의 역사적 책임 규정 · 개도국의 지속가능한 성장 보장
제1조(정의)	· 주요 용어 정리
제2조(목적)	· 대기 중 온실가스 농도 안정화를 목적으로 규정
제3조(원칙)	· 선진국의 역사적 책임에 따른 선도적 역할, 개도국의 특별한 사정 존중, 모든 국가의 예방적 조치 이행의 필요성, 지속가능한 성장 보장 등을 원칙으로 규정
제4조(의무)	· 모든 당사국의 의무 　- 온실가스배출통제 현황 보고, 온실가스 저감을 위한 정책 및 조치 시행, 온실가스 흡수원 보호 및 확대, 연구 및 관측, 공공 인식 제고, 국가보고서 제출 · 부속서1 국가의무 　- 2000년까지 1990년 수준으로 온실가스배출량을 안정화하도록 노력 · 부속서2 국가 의무 　- 개도국에 대한 재정·기술지원 제공 · 부속서1,2 국가 명단 개정 　- 1998년까지 관련 당사국 동의로 명단 개정을 위한 자료 검토

	· 자발적 의무부담 - 어느 국가든 자발적으로 부속서1 국가로 편입가능
제5조(연구 및 관측)	· 개도국의 연구 및 관측 능력 배양 지원
제6조(교육, 훈련, 공공인식제고)	· 개별 국가, 지역차원에서 프로그램 개발 및 정보교환 확대
제7조(당사국총회)	· 당사국총회의 주요 역할, 개최방식 규정 - 최고의사결정기구, 특별한 결정이 없는 경우 매년 개최
제8조(사무국)	· 사무국의 역할 규정: 회의 운영관련 서비스 제공

제9조
(과학기술자문기구)
	· 과학기술자문기구 역할 규정
	  - 기후변화 및 그 영향에 대한 과학적 지식에 대한 평가
	  - 기술이전 및 개발의 효율적 방안 수립
	  - 과학, 기술, 방법론적 질의에 응답

제10조
(이행자문기구)
	· 이행자문기구의 역할 규정
	  - 국가보고서 내용 검토
	  - 협약이행 지원

제11조(재정체계)	· 재정체계 운영에 관한 규정

제12조(국가보고서)	· 개도국
	  - 온실가스배출현황, 정책 및 조치현황 보고
	  - 협약 발효 후 3년 이내 또는 재정지원이 충분히 이루어진 후
	    1차보고서 제출
	· 부속서1 국가
	  - 정책 및 조치의 상세한 내용 및 효과분석 보고
	  - 협약 발효 후 6개월 이내 1차보고서 제출

제13조(이행관련 문제해결)	· 1차 당사국총회시 이행자문기구 설립 검토
제14조(분쟁해결)	· 분쟁해결절차 규정
제15조(협약 개정)	· 개정안은 6개월 전 사무국을 통해 당사국들에게 통보 · 합의를 통해 결정이 도출되도록 노력, 실패시 3/4 다수결
제16조(부속서 제정 및 개정)	· 제안 및 개정안은 6개월 전 사무국을 통해 당사국들에게 통보 · 합의를 통해 결정이 도출되도록 노력, 실패시 3/4 다수결
제17조(의정서)	· 의정서안은 6개월 전 사무국을 통해 당사국들에게 통보
제18조(투표권)	· 당사국은 하나의 투표권을 가짐 · 지역경제통합기구는 의정서에 가입한 회원국 수만큼의 투표수를 가짐

제19조(수탁자)	· UN 사무총장이 수탁자
제20조(서명)	· 1992.6.20~1993.6.19일간 뉴욕 유엔본부에서 서명
제21조(잠정절차)	· 1차 당사국 총회 전까지 잠정적인 사무국 운영 · 지구환경기금(GEF), UNEF, 국제개발은행(IBRD)을 잠정적인 재정체계로 인정
제22조(비준, 승인)	· 서명기간 종료 후 비준, 승인 절차 개시
제23조(발효)	· 50개국 비준서 기탁 후 90일후 발표
제24조(유보)	· 유보 없음
제25조(탈퇴)	· 발효 3년 후 당사국은 서면통지를 통해 탈퇴 · 수탁자가 가입 탈퇴 통보를 받은 후 1년 경과 후 탈퇴효력 발생
제26조(정본)	· 아랍어, 중국어, 영어, 프랑스어, 러시아어, 스페인어 의정서 원본은 동등
부속서1	· OECD 국가 24개국 동구권국가 11개국
부속서2	· OECD 국가 24개국

1-1) 목적

기후변화협약의 목적은 대기 중의 온실효과기체를 기후에 위험한 영향을 미치지 않는 수준으로 안정화하는 데 있다. 이러한 수준은 생태계가 기후변화에 자연스럽게 적응되고, 식량생산이 위협받지 않으며, 지속가능한 개발이 가능하도록 충분한 시간적 범위 내에서 달성되도록 하고 있다.

1-2) 기본원칙

이 협약은 기본원칙으로서 차별적 책임론, 국가별 특수성 고려, 예방조치 원칙, 개발권, 자유무역원칙의 5가지를 들고 있다.

· 차별적 책임론이란 선진국과 개도국이 기후변화에 대해 공동의 책임을 지는 동시에 차별적인 책임을 진다는 것으로, 각국이 개별적인 능력에 따라 기후보존의무를 부담하지만 선진국이 보다 선도적인 역할을 하도록 한다. 이것은 오존층 파괴의 경우와 마찬가지로 기후변화에 대해서도, 개도국들보다 선진국들이 환경피해를 야기시킨 책임이 더 크다는 사실을 인정하는 것으로 받아 들여야 할 것이다.

· 국가별 특수성 고려의 원칙은 특히 개도국의 특수한 여건과 필요를 고려해야 한다는 것으로서, 이 경우도 차별적 책임론과 같은 맥락으로 이해할 수 있다.

예방조치의 원칙이란 기후변화로 인한 피해가 발생하기 전이라도 예방적 차원에서 이를 방지할 필요가 있다는 원칙으로서, 과학적 불확실성이 기후변화방지에 필요한 조치를 지연시킬 수 없다는 이유에 근거한다.

· 개발권은 각국의 기후변화방지 정책이 국내의 구체적 여건에 따라 이루어져야 하며, 국가개발정책과 통합되어 추진되는 한편, 경제성장도 중요한 요소로 고려한다는 것이다.

이와 같이 각 국가의 구체적 여건과 경제성장을 고려한 개발권을 기본원칙의 하나로 제시함으로서, 기후변화협약은 온실효과기체의 국제적 방출기준을 설정하지 않고 각 국가의 개별적인 환경정책에 임의적으로 위임하고 있다. 이것은 환경과 경제의 결합으로서 각 국가들 사이의 타협에 의한 결과이며, 이로 인하여 기후협약의 규제적 성격이 현저히 약화되었다고 볼 수 있다.

·마지막으로 이 협약은 자유무역의 원칙을 들고 있으며, 이는 기후변화방지를 구실로 자의적인 차별조치 또는 위장된 무역규제조치를 하지 못하도록 금지하는 것이다. 몬트리올 의정서에서 비당사국에 대한 무역규제를 중요시 하고 있는 것과는 달리, 차별적인 무역규제로 인한 부작용을 최소화하려는 의도를 엿볼 수 있다. 이것은 환경보전을 이유로 무역장벽을 구축하려는 선진국들의 입장을 개도국들이 끝까지 저지하였기 때문에 가능하였다.

1-3) 약속사항

· 정보제공의무

기후협약은 당사국이 지켜야 할 약속사항으로서 각 국가에 대해 먼저 정보제공의무를 요구하고 있다. 즉 각 국가는 몬트리올의정서에서 규제하지 않는 온실효과기체의 배출량과 흡수량의 통계를 작성해서, 이를 정기적으로 측정, 공표하고 당사국회의에 통보할 의무가 있다. 또한 기후변화의 완화와 관련된 국가 또는 지방차원의 계획을 수립, 공표해야 할 의무가 있으며, 이에 따라 협약이 발효된 지 3년 이내에 국내의 온실기체 발생량을 작성하여 유엔에 제출하도록 되어 있다. 특히 선진국의 경우는 협약이 발효된 지 6개월 이내에 최초 보고서를 제출하여야 한다.

· 온실효과기체의 배출 제한

기후협약은 오스트레일리아, 오스트리아, 캐나다, 덴마크, 유럽공동체, 프랑스, 독일, 영국, 미국 등 부속서 I에 포함된 36개국의 국가와 기타 선진국에 대해서는 별도의 약속사항을 두고 있다. 이것은 차별적인 책임론에 따라 기후변화방지에 선진국들이 선도적 역할을 수행해야 한다는 협약의 의도를 반영하는 것이다.

부속서1 에 포함된 국가들과 기타 선진 국가들은 온실효과기체의 인위적 배출을 제한하고, 온실기체를 흡수, 저장원을 보호, 육성함으로서 기후변화를 위한 국가정책 채택 및 조치를 시행하도록 되어 있다. 이에 따라 궁극적으로 2000년 까지 이산화탄소 및 기타 온실기체의 인위적 배출을 1990년 수준으로 되돌리는 것을 기본목표로 하며, 이를 위해 협약이 발효한 지 6개월 이내와 그 후 정기적으로 당사국회의에 자국의 정책과 조치를 통보하도록 되어 있다. 부속서 I에 포함되지 않은 국가들 중 이들 사항을 수락할 의사가 있는 국가는 언제든지 이 사실을 통보할 수 있다.

당사국회의는 첫 번째 회기에서 온실가스의 배출량과 흡수량의 산정방법에 대해 합의하고, 그 후 이를 정기적으로 검토한다. 또한 부속서 I에 해당하는 국가들의 기후변화정책을 검토한 후 적절한 조치를 시행하고, 온실가스 배출 제한과 관련된 공동이행 기준을 결정한다. 협약목적을 달성하기 위해 개발된 각국의 경제적, 행정적 조치를 당사국간에 조정하고, 온실기체의 인위적 배출을 권장하는 국가정책과 관행을 파악해서 정기적으로 검토하는 것도 당사국회의에서 하는 일이다.

이와 같이 볼 때 기후협약은 2000년까지 이산화가스 및 기타 온실기체의 인위적 배출수준을 1990년 수준으로 되돌린다는 목표에 따라, 온실기체배출의 제한조치를 각 국가에 위임하고 이를 정기적으로 검토하도록 규정하고 있다. 그러나 기후협약은 온실기체 배출을 제한하기 위한 국제적인 규제기준이나 조치를 설정하지 않고 있다. 따라서 온실기체의 규제기준이 각 국가에 따라서 다르게 되며, 이를 위반

하는 경우 제재를 가하는 구체적인 조치가 없어서 규제의 정도가 훨씬 취약하게 된다.

1-4) 의무부담 체계

기후변화협약에서는 모든 당사국이 부담하는 공통의무사항과 일부 회원국만이 부담하는 특정의무사항으로 구분하고 있다.

· **공통의무사항**

동 협약의 모든 당사국들은 온실가스 배출량 감축을 위한 국가전략을 자체적으로 수립·시행하고 이를 공개해야 함과 동시에 온실가스 배출량 및 흡수량에 대한 국가통계와 정책이행에 관한 국가보고서를 작성, 당사국총회(COP)에 제출토록 규정하였다.

· **특정의무사항**

공동·차별화 원칙에 따라 협약 당사국을 부속서1(Annex I), 부속서2 (Annex II) 및 비부속서 국가(Non-Annex I) 국가로 구분, 각기 다른 의무를 부담토록 규정하였다.
- 부속서1(Annex I) 국가는 온실가스 배출량을 1990년 수준으로 감축하기 위하여 노력토록 규정하였으나 강제성은 부여치 않음
- 부속서2(Annex II) 국가는 개발도상국에 대한 재정 및 기술이전의 의무를 가짐

1-5) 기후변화협약의 발효시기 및 가입국

· 1994년 3월에 50개국 이상이 가입함에 따라 발효됨
· 2004년 4월 까지 188개국이 가입하였으며, 우리나라는 1993년
12월 47번째로 가입

(2) 기후변화협약 당사국총회(COP: Conference of the Parties) 진행현황

제1차 당사국총회(1995.3 독일 베를린)

· 2000년 이후의 온실가스 감축을 위한 협상그룹(Ad hoc Group on Berlin Mandate)을 설치하고 논의결과를 제3차 당사국 총회에 보고하도록 하는 베를린 위임(Berlin Mandate) 사항을 결정하였다.

제2차 당사국총회(1996.7 스위스제네바)

· 제1차 총회 결과 재확인
· 미국과 EU는 감축목표에 대해 법적 구속력을 부여하기로 합의. 또한 기후변화에 관한 정부간협의체(IPCC)의 2차 평가보고서 중 "인간의 활동이 지구의 기후에 명백한 영향을 미치고 있다"는 주장을 과학적 사실로 공식 인정하였다.

제3차 당사국총회(1997.12 일본 교토)

· 부속서 I 국가들의 온실가스 배출량 감축 의무화, 공동이행 제

도, 청정개발체제, 배출권 거래제 등 시장원리에 입각한 새로운 온실가스 감축 수단의 도입 등을 주요 내용으로 하는 교토의정서 (Kyoto Protocol)을 채택하였다.

제4차 당사국총회(1998. 11 아르헨티나 부에노스아이레스)

· 교토의정서의 세부이행절차 마련을 위한 행동계획 (Buenos Aires Plan of Action)을 수립하였으며 아르헨티나와 카자흐스탄이 비부속서 *I* 국가로는 처음으로 온실가스 감축 의무부담 의사를 표명하였다.

제5차 당사국총회(1999.11 독일 본)

· 제6차 당사국총회 준비회의
· 아르헨티나가 자국의 자발적인 감축목표를 발표함에 따라 개발도상국의 온실가스 감축 의무부담 문제가 부각되었으며, 아르헨티나는 자국의 온실가스 감축 의무부담 방안으로 경제성장에 연동된 온실가스 배출목표를 제시하였다.

제6차 당사국총회(2000.11 네델란드 헤이그)

· 2002년에 교토의정서를 발효하기 위하여 교토의정서의 상세운영규정을 확정할 예정이었으나 미국, 이본 호주 등 Umbrella그룹과 유럽연합(EU)간의 입장차이로 협상이 결렬되었다.

제6차 당사국총회 속개회의(2001.7 독일 본)

· 세부이행방안 골격 수립(Bonn 합의문 채택)

· 교토메카니즘, 흡수원 등에서 EU와 개발도상국의 양보로 캐나다, 일본이 참여하면서 협상이 극적으로 타결되어 미국을 배제한 채 교토의정서 체제에 대한 합의하였다.

제7차 당사국총회(2001.11 모로코 마리케쉬)

· Bonn 합의문에 기초한 세부이행방안 최종 합의
· 지난 제6차 당사국총회 속개회의에서 해결되지 않았던 교토메카니즘, 의무준수체제, 흡수원 등에 있어서의 정책적 현안에 대한 최종합의가 도출됨으로써 청정개발체제 등 교토메카니즘 관련 사업을 추진하기 위한 기반을 마련하였다.

제8차 당사국총회(2002.10 인도 뉴델리)

· 통계작성·보고, Mechanism, 기후변화협약 및 교토의정서 향후 방향 등을 논의하였으며, 당사국들에게 기후변화에의 적응(Adaptation), 지속가능발전 및 온실가스 감축노력 촉구 등을 담은 뉴델리 각료선언(The Delhi Ministerial Declaration)을 채택하였다.

제9차 당사국총회(2003.12 이탈리아 밀라노)

· 기술이전 등 기후변화협약의 이행과 조림 및 재조림의 CDM 포함을 위한 정의 및 방식문제 등 교토의정서의 발효를 전제로 한 이행체제 보완에 대한 논의가 진행되었다.
· 기술이전전문가 그룹회의의 활동과 개도국의 적응 및 기술이전 등에 지원될 기후변화 특별기금(Speacial Climate Change

Fund) 및 최빈국(LCD : Least Developed Countries) 기금의 운용 방안이 타결되었다.

제10차 당사국총회(2004.12 아르헨티나 부에노스아이레스)

· 과학기술자문부속기구(SBSTA)가 기후변화의 영향, 취약성 평가, 적응수단 등에 관한 5년 활동계획을 수립하였으며 1차 공약기간 (2008~2012)이후의 의무부담에 대한 비공식적 논의가 시작되었다.

제11차 당사국총회(2005.11.28~12.9 케나다 몬트리올)

· 2005년 2월 발표한 교토의정서 이행절차보고 방안을 담은 19개의 마라케쉬 결정문을 제1차 교토의정서 당사국회의에서 승인되었고

· 2012년 이후 기후변화체제 협의회 구성(two track apprach)에 합의되었다.

제12차 당사국총회(2006.11.6~11.17 캐냐 나이로비)

· 제 12차 당사국총회 결정문의 주요내용은 선진국들의 2차 공약 기간(2013~2017년) 온실가스 감축량 설정을 위한 논의 일정에 합의하고 개도국들의 의무감축 참여를 당사국총회를 통해 결정할 수 있다는 것이며, 개도국 온실가스 감축문제는 13차 총회에서 재 논의로 정리되었다.

제13차 당사국총회(2007.12.3~12.14 인도네시아 발리)

· 2007년 12월 3일부터 12월 14일까지 인도네시아 발리에서 개최되었다.

2-2. 교토의정서

기후변화협약은 전 세계 국가들이 지구기후변화 방지를 위한 노력을 하겠다는 것이었고, 이를 이행하기 위하여 누가, 얼마만큼, 어떻게 줄이는가에 대한 문제를 결정한 것이 '교토의정서'라고 할 수 있다.

교토의정서는 1998. 3. 16~1999. 3. 15일까지 뉴욕의 유엔본부에서 서명을 받아 채택되었고, 그 이후 각 협약 당사국들은 의정서가 발효될 수 있도록 자국의 비준을 위해 노력해왔다. 그러나 2001년 3월 최대 온실가스 배출국인 미국이 의정서가 자국의 경제에 심각한 피해를 줄 수 있고 중국, 인도 등 개발도상국들이 의무감축대상에서 제외되어 있다는 이유를 내세워 반대 입장을 표명하므로 인하여 그 실효성에 큰 타격을 입었지만, EU와 일본 등이 중심이 되어 협상을 지속하였고 마침내 2004년 11월 러시아가 비준서를 제출함에 따라 교토의정서의 발효조건이 충족되어 정해진 규정(의정서 25조)에 의해 2005년 2월 교토의정서는 발효되었다.

(1) 교토의정서의 주요내용

조문	주요내용
전문	· 협약원칙의 준수, 베를린 위임사항의 추구 명시
제1조(정의)	· 주요 용어 정리
제2조 (정책 및 조치)	· 선진국(Annex I)은 에너지 효율향상, 신 재생에너지 개발 등 자국의 상황에 적절한 온실가스 감축 정책 및 조치를 채택함
제3조(감축의무)	· 국가별: 2008~2012년간 선진국(Annex I) 전체의 배출총량을 1990년 수준보다 최소 5% 감축하되, 각국별 -8%에서 +10%까지 차별화된 배출량을 규정 - EU(-8%), 미국(-7%), 일본(-6%), 러시아 · 뉴질랜드(0%), 호주(+8%), 아이슬란드(+10%) · 대상가스: CO2, CH4, N2O, HFCs, PFCs, SF6 등 6개 가스로 하되, 각국의 사정에 따라 HFCs, PFCs, SF6 등의 가스의 기준년도는 1995년도를 이용할 수 있도록 함 · 흡수원: 1990년 이후 토지이용 및 조림사업분을 국별 매출량 산정시 인정하되, 상세한 내용은 의정서 당사국총회에서 결정
제4조(감축의무의 공동달성)	· 선진국(Annex I) 국가내 일정국가간(EU 15개 국가를 염두에) 의무분담(소위 Bubble)을 인정
제5조(온실가스 추정방식)	· 선진국은 1차 의무기간이 시작되지 최소 1년전 온실가스 추정을 위한 국가기관 설립 · IPCC에서 채택하고 COP에서 결정한 투정 방법론 사용
제6조(공동이행)	· 선진국간 감축실적 이전을 위한 공동이행사업 허용
제7조(국가보고서)	· 선진국은 온실가스 배출통계 및 관련 정보 제출
제8조 (국가보고서검토)	· 협약당사국과 국제기구에 의해 지명된 전문가들로 구성된 전문가 검토 팀이 국가보고서를 검토, 보고서 제출
제9조 (의정서 검토)	· 의정서 당사국총회는 최신정보를 바탕으로 주기적으로 의정서를 검토, 적절한 조치 시행
제10조(모든 당사국의 의무)	· 모든 당사국은 공통의 차별화된 책임에 의거 온실가스 감축을 위한 정책 및 조치 시행 · 국가보고서 제출
제11조 (재정 및 기술지원)	· 선진국의 개도국에 대한 재정지원 및 기술지원 의무 강화

제12조(선·개도국간 공동이행사업)	· 선·개도국간 공동이행 사업을 허용 · 공동이행 사업에 참여하는 선진국(Annex I)이 일정수준의 기금을 제공, 개도국에 원조토록 함
제13조(의정서총회)	· 의정서 당사국의 의무이행 현황 평가 및 주기적 검토 · 협약상의 의사결정 규칙 준용
제14조(사무국)	· 협약상의 사무국 이용
제15조(부속기구)	· 협약상의 부속기구 이용
제16조(다자간 협의 절차)	· 의정서 당사국총회는 협약 제13조의 다자간 협의절차를 이용하는 방안 강구
제17조(배출권거래)	· 협약 당사국총회는 배출권거래제도의 운영방안 결정
제18조(의무불이행)	· 제1차 의정서 총회는 감축의무 이향위반과 관련, 대상 및 범위, 조사 및 확인 방법 등 절차와 방식을 결정
제19조(분쟁해결)	· 협약 14조를 준용
제20조(의정서개정)	· 개정안은 6개월 전 사무국을 통해 당사국들에게 통보 · 합의를 통해 결정이 도출되도록 노력, 실패시 3/4 다수결
제21조(부속서 재정 및 개정)	· 제안 및 개정안은 6개월 전 사무국을 통해 당사국들에게 통보 · 합의를 통해 결정이 도출되도록 노력, 실패시 3/4 다수결 · 부속서 B의 개정은 관련 당사국의 서면 동의 필요
제22조(투표권)	· 당사국은 하나의 투표권을 가짐 · 지역경제통합기구는 의정서에 가입한 회원국 수만큼의 투표수를 가짐
제23조(의정서수탁자)	· UN 사무총장이 수탁자
제24조(의정서 가입. 승인 및 비준)	· 동 의정서는 1998.3.16~1999.3.15일간 뉴욕 유엔본부에서 서명
제25조(의정서 발효)	· 의정서는 55개국의 비준서가 기탁되고 동 비준국에 1990년도 부속서1 국가 이산화탄소 배출량의 55%이상 차지한 부속서1 국가들이 포함된 후 90일 후 발효
제26조(유보)	· 유보없음
제27조(의정서탈퇴)	· 발효 3년 후 당사국은 서면통지를 통해 탈퇴 · 수탁자가 가입 탈퇴 통보를 받은 후 1년 경과 후 탈퇴효력 발생
제28조(의정서 정본)	· 아랍어, 중국어, 영어, 프랑스어, 러시아어, 스페인어 의정서

	원본은 동등
부속서A	・ 감축대상가스 및 발생부문/원천 규정
부속서B	・ 각국의 감축목표 규정

1-1) 세부사항

의정서에 따르면 기후변화협약 부속서1(Annex I)국가들은 2008~ 2012년 기간 중 자국 내 온실가스 배출 총량을 1990년대 수준대비 평균 5.2% 감축하여야 하며 그 세부사항은 다음과 같다.

〈표 3-3〉 부속서1(Annex I)국가 온실가스 감축의무(1990년대 대비)

Country/ Region (국가/ 지역)	Obligation of Reduction vis-a-vis 1990 emission level Change Rate % (1990년 수준 대비한 의무감축 비율)
EU Total	-8%
Swiss	-8%
Checz	-7%
U.S.	-6%
Japan	-6%
Canada	-6%
Poland	-6%
Russia	0%
New Zealand	0%
Norway	+1%
Austrailia	+8%
Iceland	+10%

・ 감축 목표율 : 1990년 배출량 대비 평균 5.2% 감축

(각국의 경제적 여건에 따라 -8% ~ +10%까지 차별화된 감축량

규정)

· 감축대상 온실가스 : CO_2, CH_4, N_2O, HFCs, PFCs, SF_6 6종
(각국 사정에 따라 HFCs, PFCs, SF_6가스의 기준년도는 1995년
도 배출량 이용 가능)

· 온실가스 배출원 : 에너지 연소, 산업공정, 농축업, 폐기물 등으
로 구분

· 온실가스 감축 도입 수단 : 교토메카니즘 도입

(2) 교토메카니즘(Kyoto Mechanism)

교토의정서에는 온실가스를 효과적이고 경제적으로 줄이기 위하여 공
동이행제도(JI), 청정개발체제(CDM), 배출권거래제도(ET)와 같은 유연
성체제를 도입하였는데, 이들을 「교토메카니즘(Kyoto Mechanism)」이
라고 한다.

2-1) 공동이행제도(JI)

부속서1 국가들 사이에서 온실가스 감축 사업을 공동으로 수행하
는 것을 인정하는 것으로 한 국가가 다른 국가에 투자하여 감축한 온
실가스 감축량의 일부분을 투자국의 감축실적으로 인정하는 체제이
다. 특히 EU는 동부유럽국가와 공동이행을 추진하기 위하여 활발히
움직이고 있다. 현재 비부속서(Non-Annex) I 국가인 우리나라가 활
용할 수 있는 제도는 아니지만, 선진국의 의무부담 압력이 가중되는

현실을 감안할 때, 공동이행제도의 논의 동향을 파악해 둘 필요가 있다.

2-2) 청정개발체제(CDM)

이 체제는 선진국(부속서1) 이 개발도상국(비부속서) 에서 온실가스 감축사업을 수행하여 달성한 실적의 일부를 선진국의 감축량으로 허용하는 것이다. CDM을 통하여 선진국은 온실가스 감축량을 얻고, 개발도상국은 선진국으로부터 기술과 재정지원을 얻을 것으로 기대하고 있다. 2001년 7차 당사국총회에서 CDM집행위원회(Executive Board)가 구성된 이래, 세부적인 사업 추진 절차가 마련되어, 2005년 1월 기준 1개의 대규모 매립지가스 자원화 사업과 1개의 소규모 수력 발전 사업이 CDM집행위원회에 등록되어 있으며 19개의 베이스라인 및 모니터링 방법론이 집행위원회로부터 승인을 받은 상태였다.

청정개발체제는 공동이행제도와는 달리 1차 의무기간 (2008~2012) 이전의 조기감축활동(Early Action)을 인정하는데 2000~2007년에 발생한 CERs(Certified Emission Reductions)을 소급하여 인정한다. CDM운영기구(Operational Entity)는 CDM사업계획에 대한 타당성 확인(Validation)과 사업에 의한 감축실적을 검증(Verification)하는 독립된 인증기관으로서 교토의정서 당사국총회(COP/MOP)로부터 지정받는다.

<表3-4> 청정개발체제의 편익

세계적 편익	· 온실가스 배출감축 비용의 절감 · 민간부문의 참여확대 · 세계적인 온실가스 감축대책 이행의 가속화
개발도상국의 편익	· 외자유치를 통한 경제개발 · 기술이전 · 고용창출 · 사회간접 자본 확충 · 에너지 수입 대체 및 에너지 효율 향상
선진국의 편익	· 온실가스 배출감축 비용의 절감 · 배출감축의무 달성에 유연성 확보 · 신기술 및 첨단기술에 대한 시장확보 · 새로운 투자기회의 확대

- CDM운영기구

사업자가 제출한 사업계획서에 근거하여 CDM사업의 사전 타당성을 평가하는 작업이며 검증이란 사업 운영자가 제출한 모니터링 보고서에 근거하여 CDM사업에 의한 배출감축량을 평가하는 작업이다.

<표 3-5> 타당성 확인/검증 및 인증 절차

① 타당성 확인/검증 및 인증 신청	
② 타당성 확인/검증 계획 통보	- 타당성 확인/검증팀 통보
	- 타당성 확인/검증 및 인증 프로그램
③ 타당성 확인/검증 실시	- 타당성 확인/검증은 문서검토와 현장평가로 나누어 실시
	- CDM 사업 등록/CERs 발행 요청을 위한 위원회 심의
	- CDM 사업 등록/CERs 발행 요청
④ 이의 및 불만 제기	

2-3) 배출권거래제도(ET)

이 조항은 온실가스 감축의무 보유국가(Annex B)가 의무감축량을 초과하여 달성하였을 경우 이 초과분을 다른 부속서 국가(Annex B)와 거래할 수 있도록 허용하였다. 이와 반대로 의무를 달성하지 못한 국가는 부족분을 다른 부속서 B국가로부터 구입할 수 있다.

이것은 온실가스 감축량도 시장의 상품처럼 서로 사고 팔 수 있도록 허용한 것이라고 할 수 있다. 이 제도가 시행될 경우, 각국은 최대한으로 배출량을 줄여 배출권 판매수익을 거두거나, 배출량을 줄이는 데 비용이 많이 드는 국가는 상대적으로 저렴한 배출권을 구입하여 감축비용을 줄일 수 있으므로 전체적으로는 감축비용을 최소화할 수 있게 된다.

〈표 3-6〉 배출권거래제의 장단점비교

배출권거래제의 장점	배출권거래제의 단점
· 환경목표를 최소비용으로 달성할 수 있다 · 오염총량을 직접 관리할 수 있다. · 배출권 판매 및 구입업체에 대한 기술개발 유인이 높다. · 효율적인 자원배분을 촉진하는 가격기구 역할을 한다.	· 감시, 행정 및 거래비용이 크다. · 시장의 불확실성에 따른 위험비용이 발생할 수 있다. · 적정 환경목표설정이 선행되어야 한다.

2-3. 델리선언문

제8차 기후변화협약 당사국 총회(2002.10.23-11.1, 인도 뉴델리)의 최대 성과로 간주될 수 있는 델리 각료선언문은 채택 과정 및 내용을 놓고 논란의 대상이 되었다. 선언문 중 개도국 참여 등의 문안을 놓고 일부 선진국과 개도국간 대립이 있었으나, 기후변화보다 지속가능한 개발을 중시하는 개도국의 입장이 적극 반영된 것으로 평가된다.

델리 선언 최종안에서는 기후변화 레짐의 향후 발전방향에 대한 뚜렷한 언급 없이 기존의 기후변화협약 및 요하네스버그에서 개최된 지속가능발전 정상회의의 성과를 강조하게 되었다. 결과적으로 선진국과 개도국간 이견이 크게 좁혀지지는 않았으나, 최종 협상단계에서 주최국 인도의 적극적 노력으로 델리선언이 채택되었다.

(1) 델리선언문의 주요내용

· 교토의정서를 비준한 당사국들은 아직까지 비준하지 않은 당사국들에게 빠른 시일 안에 교토의정서를 비준하도록 촉구하였다.

· 기후시스템을 보호하기 위한 정책과 조치들은 각 당사국의 특수한 여건에 적합하여야 하고, 국가 프로그램들과 통합되어야 함을 제시하였다.

· 국가 지속가능발전 전략은 수자원·에너지·건강·농업 및 생물다양성과 같은 핵심 분야에 있어서 기후변화 대응 목적과 통합되어야 하고, 지속가능발전 세계정상회의(WSSD)의 결과에 기초하여야 함을 제시하였다.

· 당사국들은 공통의 차별화된 책임을 고려하여, 기후변화와 그 부정적 영향에 대처하기 위해 협약에 따른 공약을 지속적으로 이행하여야 하고

· 기후변화의 부정적인 영향에 대한 적응(adaptation)이 모든 국가가 최우선시 하여야 할 사항이며, 특히 최빈 국가와 군소 도서 국가들이 매우 취약한 바, 이에 대한 모든 국가의 관심과 행동이 시급함에 주목하였다.

· 기후변화 대응조치 관련 정보교환 촉진, 기술이전을 위한 국제협력, 환경적으로 건전한 에너지 서비스·자원에 대한 접근 개선에 주목하였다.

· 비용 효과적인 선진 에너지 기술 개발을 통한 에너지 공급 다변화 및 전체 에너지 공급에서 재생가능 에너지원의 비율 확대에 주목하였다.

· 부속서 I 국가들은 재정지원, 기술이전, 역량강화 등 협약에 따른 공약이행 및 온실가스 배출저감에 있어 선도적 역할을 해야함을 제시하였다.

2-4. 국가별 대응방안

온실가스가 대부분 에너지사용의 결과로 발생하므로 에너지사용량을 줄이기 위한 에너지절약 및 이용효율 향상이야말로 기후변화를 완화 시킬 수 있는 기본적인 방안이라 할 수 있다. 이에 대부분의 선진국들도 기후변화 방지를 위하여 에너지 절약사업과 효율 향상 위주로 정책의 틀을 짜고 있으며, 신재생에너지(풍력, 태양에너지 등) 및 저탄소연료 사용 확대 등에도 관심을 갖고 적극적으로 추진하고 있다.

(1) EU

EU는 공동대응을 원칙으로 유럽의회 차원에서 공동정책을 구상하고 있다. 기후변화문제를 1980년대부터 '주요지구 환경문제'로 분류하여 유럽이 주도권을 행사해야 한다는 입장이다.

선진국은 5.2%의 온실가스 삭감을 결정하였지만, 대기 중 온실가스를 안정화시키기 위해서는 50˜70% 수준의 삭감이 필요함을 주장하였다. '유럽의 에너지 2020' 정책을 수립하여 6% 이산화탄소 감축계획을 수립하고 있다.

유럽의 자동차제조자협회(ACEA)는 2008년까지 신규 자동차 이산화탄소 배출량을 1990년 대비 25% 감축(140g/km)하고 2012년까지 신규 자동차 이산화탄소 배출량 120g/km 이하로 줄이기로 합의하였다.

(2) 프랑스

· 총리실 산하 "온실가스 대응 범정부 위원회"를 설치하여 2000년 1월에 "기후변화 대응 국가프로그램"을 발표하고
· 제조업체들이 새로운 시장환경에 적응하도록 유도하기 위해 탄소세를 도입하였는데 최대 탄소세액을 500프랑(US$ 76)/TC로 결정하였다.

(3) 영국

2000년 3월 기후변화 프로그램(UK Climate Change Program)

을 발표하여 2010년까지 CO_2 배출 20% 감축을 목표로 청정자동차 개발에 820만 달러를 투자하였다.

(4) 일본

내각에 '지구온난화 대책 추진본부'를 설립하고 1998년에는 지구 온난화방지대책법을 제정하였다. 일본의 감축 목표는 2008~2012년 에 1990년 대비 6%로 청정연료 및 신·재생에너지 사용량을 증가시 키고 원자력 발전소를 추가 건설함으로써 이산화탄소 배출 안정화를 추진하고 있다.

(5) 독일

기후변화관련 정책은 1990년 6월 연방정부에 의해 설립된 범정부 CO_2감축 실무반 (CO$_2$ Reduction Inter-Ministerial Working Group: IWG)주관으로 마련되었다.
에너지부문은 전력소비감소, 석탄소비감소, 신재생에너지 이용촉 진방안과 천연가스 시장의 활성화를 통해 온실가스 감축을 추진하고 있다.

(6) 미국

· 교토의정서 비준 거부 (2001. 3)
· 기후변화에 대한 과학적 불확실성, 개도국 불참 및 자국 경제에 미치는 파급영향을 이유로 거부했으나 별도기준(온실가스 집약도 방식)에 의한 18% 감축계획을 2003년 3월 발표하고 에너지부,

환경청 등 관련부처 중심으로 지속적인 경제성장을 보장하며, 기후변화에 대응할 수 있는 대책을 추진하였다.

(7) 호주

· 교토의정서 비준거부
· 개도국들의 감축의무 참여, 국가 경제고려 등 미국에 동조하였다.

(8) 한국

온실가스 감축의무 부담이 없는 상황에서 범국가적 추진체계를 구축하고 제 1,2,3차 종합대책을 수립, 분야별 실천계획을 내실 있게 추진하고 있다.

3. 산업계의 대응

주요 사업별 기후변화협약의 영향

(1) 자동차선업의 연비규제

자동차는 환경과 관련해서 제조, 이용, 폐기 등 제품주기의 제 단계별로 대기오염을 발생시키고 폐기물 처리 문제도 일으키므로, 이에 대한 규제가 국제적으로 강화되고 있는 추세이다. 지구 온난화현상을 방지할 목적으로 채택된 기후변화협약에 따라 최근 이산화탄소 등 온실가스 배출에 대한 규제가 구체화되면서, 화력 발전소와 함께 이산화탄소의 주발생 원인인 자동차에 대해서는 연비규제가 강화되는 추세가 이어지고 있고, 하이브리드 자동차(Hybrid Vehicle), 연료전지 자동차(Fuel Cell Electric Vehicle), 전기자동차(Electric Vehicle), 압축천연가스자동차(Compressed Natural Gas), 저공해 자동차(Low Emission Vehicle) 등 환경친화형 자동차 등 친환경차량과의 혼합 생산을 통한 업계의 차량 대당 평균적인 온난화 영향정도를 감소시키는 노력이 추진되어 오고 있다.

그러나, 근본적인 난점 중 하나는 이동 수단이라는 특성 상 고도의 에너지가 밀집된 산물인 자동차를 제조하여야만 하고, 이에 대한 전 지구적 수요가 존재하므로, 획기적인 절감이 쉽지 않고, 친환경 자동차의 생산 제조를 위해 추가적인 환경 오염 요소들이 발생하여, 지구 관점에서의 환경 저해적 요소의 총량은 감소치 않을 개연성이 매우 크고, 학계에선 이러한 가능성에 대하여 제시가 되고 있다.

(2) 철강산업의 온실가스 배출규제 압력증대

기후변화협약의 부속서1에 속한 선진국들이 교토의정서상의 규정대로 온실가스 의무감축을 이행할 경우 선진국 철강사업의 국제경쟁력은 대체로 악화될 것이다. 기후변화협약 당사국총회의 진행과정에서 드러났듯이 선진국들은 신흥 개도국들과 한국에 대하여 지속적으로 온실가스 저감의무 부담 압력을 가하고 있으며, 철강사업 또한 기술적 측면에서 이에 대한 준비가 긴요하다.

철강사업은 제조업 중 대표적인 에너지 다소비형 산업으로 기후변화협약에 의거해 이산화탄소의 배출규제가 본격화될 경우 가장 큰 타격을 받게 될 산업이다. 우리나라에서 배출되고 있는 이산화탄소 중 철강산업의 점유비가 15%를 넘고 있음에도 불구하고 그동안 이 산업에서의 환경대책은 주로 황산화물과 질소산화물 등 여타 대기 오염 물질의 배출을 절감하는데 치중하여 왔다. 기본적으로 철강 생산 시 코크스를 철강석의 환원재로서 사용하고 있는 만큼 이산화탄 소의 발생량의 이슈가 있고, 최근에는 에너지가 더 소요되는 초강력 강 등 고품질 철강의 생산비중이 높아짐에 따라 철강산업의 단위당 에너지 소비량은 늘어나는 추세이다.

따라서, 업계에서는 차세대 제철기술인 용융환원 제철법의 적용으로 코크스로와 소결로 공정을 생략함으로써 이산화탄소 배출량을 5~10%정도 줄일 수 있을 것으로 예상되는데, 용융환원 제철법이 실용화되기 이전에는 연속 주조 방식을 더욱 확대하고, 코크스 건식 소화 설비, 고로정압·회수 발전장치, 전기로 스크랩 예열장치 등 배출 에너지를 회수하는 시설의 확충도 단기적 현안 과제가 된다.

철강사업은 온실가스 발생량이 높기 때문에, 온실가스 저감의무 부담을 요구하게 될 것이므로, 이산화탄소의 발생량을 감소시킬 수 있는 생산기술의 개발에 지속적인 노력이 요청된다. 그러나 인류의 현재의 문명이 철강 없이 다른 재료로 전환하기는 무리이므로, 이에 대한 혜안이 필요하다고 볼 수 있다.

(3) 석유화학산업의 화석연료 사용량 감축 요구

석유화학 업종도 철강에 이어 두 번째 에너지 다소비 업종으로 기후변화협약에 의한 규제의 대상이 되는데, 특히 이 업종은 화석연료가 연료뿐만 아니라 원료로도 사용되어서 이산화탄소 배출 규제로 인한 영향을 현저하게 받게 된다. 다시 말해, 이산화탄소가 화석연료를 에너지원으로 사용하면서 1차적으로 배출되고, 제조공정에서 부차적으로 발생하고, 또한 플라스틱 등 제품의 사용 후 폐기 과정에서도 다량으로 배출되는 구도이기 때문이다. 석유화학산업에서 화석연료의 사용량을 감축하기 위해서는 운전효율의 개선, 폐열 회수율 제고 등 생산과정에서 에너지 사용량을 줄이는 방법 외에도 원료(대부분 석유) 투입량을 절감할 수 있는 기술의 개발이 추진되고 있고, 이 업종은 철강과 마찬가지로 수출 비중이 높아 이산화탄소 배출 규제 시에 수출도 큰 영향을 받게 될 것으로 예상되어 이에 대한 국제적 인증 등 제반 노력이 지속적으로 요청되는 분야이다.

(4) 전자산업의 폐기물 규제

전자산업은 철강, 석유화학 등에 못지 않은 기후 변화 연관 업종이라고 할 수 있다. 특히 폐기물 처리 문제와 관련해서 볼 때, 전자제품의 생산공정 이후에도 관리가 필요한데, 문제는 기술진보의 속도가 빨라 제품의 수명주기가 단축됨으로 재활용이 단순하게 되기 어렵고, 컴퓨터에 들어가는 희귀 광물에 대한 수거 업계를 통한 체계적인 자원 회수 및 재활용 등 체계적인 노력이 요청되는 분야이다.

제4절 시계열 데이터로 본 기후변화 트렌드

1. Spectral Analysis of 50 yr Manufacturing sector emission data[27]

1) Spectral Analysis of Nitrous Oxides

전 세계 약 210개국의 데이터 중에서 선진국들의 제조업 부문의
배출 가스 데이터를 중심으로 분석한 자료를 제시해 보는데 다음과
같다.

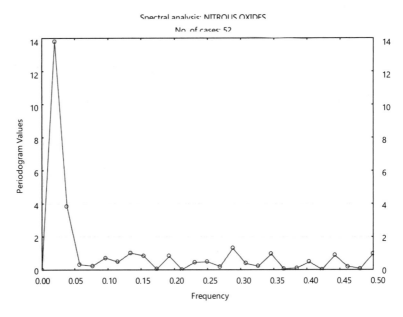

〈그림 3-6〉 질소산화물 추이:Spectral Analysis

---

27) National Greenhouse Gas Emissions Inventories and Implied National Mitigation (Nationally Determined Contributions) Targets

위의 그림에서 제조업계의 질소산화물의 경우 빈도가 약 0.002로
나타나며, 이는 이 데이터가, 갑자기 돌발적인 변화가 없는 것을 가
정할 때, 50년의 주기를 갖는 구조로 구성되어 있음을 의미한다.

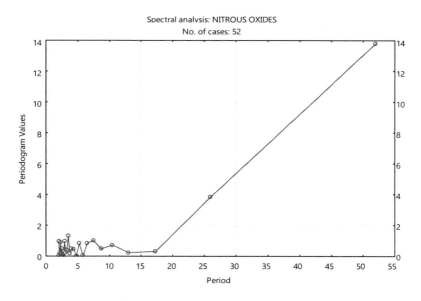

〈그림 3-7〉 질소 산화물: Spectral Analysis 2 (50년주기)

그림에서 period는 1970년부터 2021년까지의 연도를 나타내는
데, 작은 변화의 피크들이 나타나다가 2020년경에 대규모의 피크를
향해 상승하는 모습을 보여 주고 있다. 2021년경부터 국제기구들과
여러 단체들이 거의 동시에 세계 평균 기온 1.5도씨 시나리오와 2도
씨 상승 시나리오를 통해 위기에 대한 경각심을 알리고 잇는 것도 이
러한 거대한 변이를 다른 경로의 데이터들을 통해서도 상호 연관되
도록 확인할 수 있기 때문으로 판단된다.

질소산화물의 경우, 선진국들의 제조업을 중심으로 본다면, 1970

년대 이래로 큰 변화 없이 증가하면서 축적되어 가는 양상을 보이고 있다.

2)Spectral Analysis of Greenhouse gas

온실가스로 분류된 시계열 데이터의 트렌드를 살펴보면 다음과 같다.

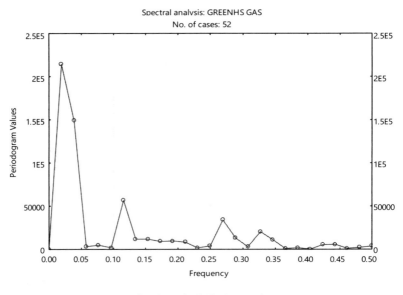

〈그림 3-8〉 온실 가스 주기

그림 3-9에서 온실가스의 경우 연도별로는 1978-1979년 경에 비교적 큰 국부적(local) 피크 후, 1995년경 큰 경사를 보인 후, 2022년 경에 정점에 이르고 있다. 온실가스도 빈도주기 상 0.025를 나타내서 약 40년의 주기로 1979년 이후 2020년 경 큰 피크를 보이고 있다.

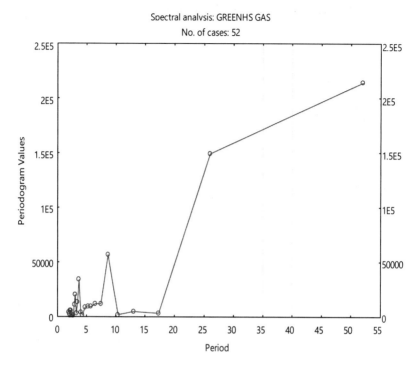

〈그림 3-9〉 온실 가스 추이 50년 기간

3) Spectral Analysis of Methane Gas

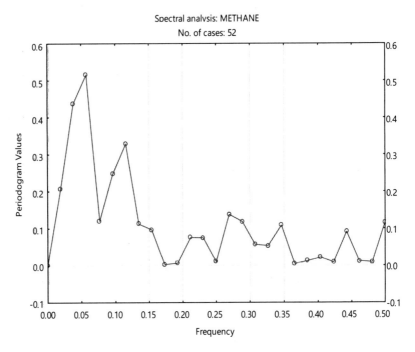

Spectral analysis: METHANE
No. of cases: 52

〈그림 3-10〉 메탄 가스의 주기

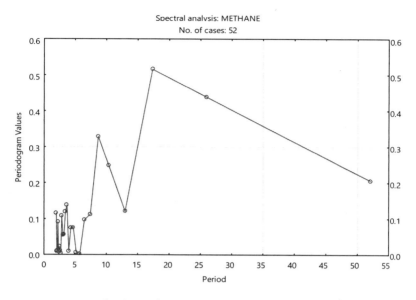

〈그림 3-11〉 메탄가스 추이 50년 기간

그림에서 선진국 제조업으로부터의 메탄 가스의 경우 앞의 온실가 스와 질소 산화물의 경우와 다르게 1980년대 중반 이후 저감의 트렌 드를 나타내고 있다.

4) Carbon Dioxides

위의 그림에서 이산화탄소의 경우, 빈도 수치가 약 0.20이며 이는 약 50년의 주기를 가진 상태의 데이터임을 시사한다. 다음 그림을 통해 보면, 약 1972년 경부터 시작된 흐름이 2020년을 넘긴 시기, 즉 대략 2022년 경까지의 50년 주기를 나타내는 것으로 이산화탄소 의 패턴도 질소 산화물과 같이 지난 50년간 증가세를 유지해 온 점 을 볼 수 있다.

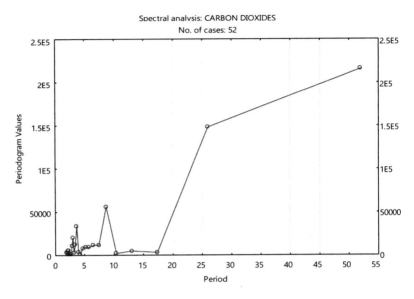

〈그림 3-12〉 이산화탄소 50년 기간 추이

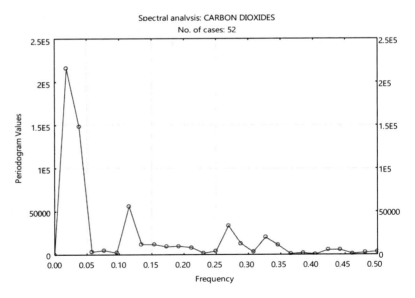

〈그림 3-13〉 이산화탄소 50년 기간 중 주기

5) Smoothing of the 4 Series

이전 항목에서 데이터가 보여주는 트렌드를 제시해 보았는데, 이어서 스무딩 방법으로 트렌드를 관통하는 흐름을 찾아 볼 수 있다.

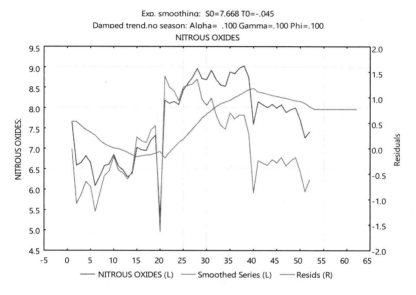

〈그림 3-14〉 질소 산화물: Smothing 결과

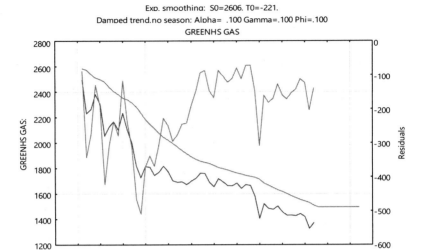

〈그림 3-15〉 온실가스 :Smoothing 결과

그림 3-14는 질소산화물의 스무딩 결과이고, 그림 3-15는 온실가스의 경우인데, 다음 그림인 3-16 이산화탄소의 경우와 비교하여 흥미로운 시사점을 도출할 수 있다. 즉 질소 산화물의 경우를 제외하고, 온실가스, 이산화탄소, 메탄 모두 트렌드 상 거대한 트렌드 상으로는 감소 추세임을 알 수 있다. 즉, 단일 방법론으로 볼 때 보이지 않던 트렌드의 특성을 발견해 나가는 것으로 해석 가능하다. 이에 따라서 여러 가지 배출물들 중 본고에서 다루고 있는 4가지 중에는 질소 산화물이 가장 위협적인 트렌드를 보이는 점에 유의할 필요가 있다. 그림에서 상단 곡선은 온실 가스 트렌드의 잔차이고, 맨 하단은 온실 가스이고, 중간이 트렌드 라인이 스무딩의 결과로 도출된 트렌드 라인이다.

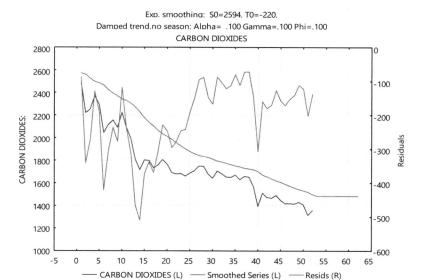

Exp. smoothing: S0=2594. T0=-220.
Damped trend.no season: Alpha= .100 Gamma=.100 Phi=.100
CARBON DIOXIDES

— CARBON DIOXIDES (L) —— Smoothed Series (L) —— Resids (R)

〈그림 3-16〉 이산화탄소: Smoothing 결과

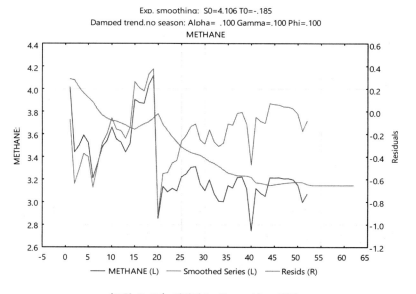

Exp. smoothing: S0=4.106 T0=-.185
Damped trend.no season: Alpha= .100 Gamma=.100 Phi=.100
METHANE

— METHANE (L) —— Smoothed Series (L) —— Resids (R)

〈그림 3-17〉 메탄가스: Smoothing 결과

6) Scatterplots

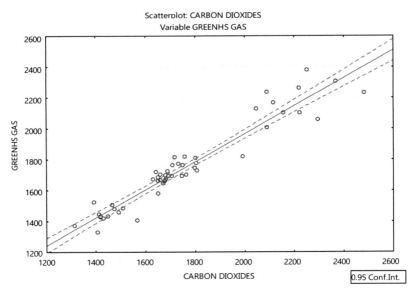

〈그림 3-18〉 이산화탄소와 온실가스: Scatter plot

위에서 살펴 본 개별 가스들의 트렌드를 좀 더 구체적으로 보기 위
해 두 개씩 분포도를 구성하여 보면, 그림 18에서처럼, 이산화탄소와
온실가스 간에는 매우 의미 있는 상관관계가 나타나고, 그림 19의
질소 산화물과 온실가스 간에는 아웃라이어가 다소 많기는 하지만,
유의미한 트렌드 라인을 확인할 수 있다. 매탄가스와 온실가스 간(그
림20), 그리고 질소 산화물과 이산화탄소 간(그림 21)에도 아웃라이
어의 존재에도 불구하고, 일정 구간에서 의미 있는 상관관계를 나타
내고 있는 점도 주목할 만하다.

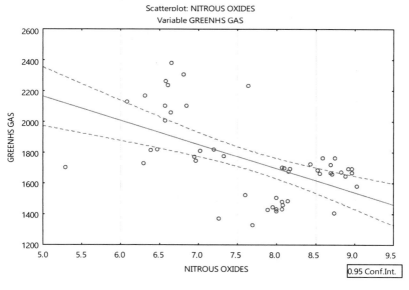

〈그림 3-19〉 질소 산화물과 온실 가스 Scatter plot

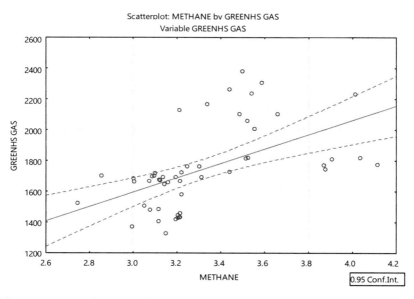

〈그림 3-20〉 메탄가스와 온실가스 Scatter plot

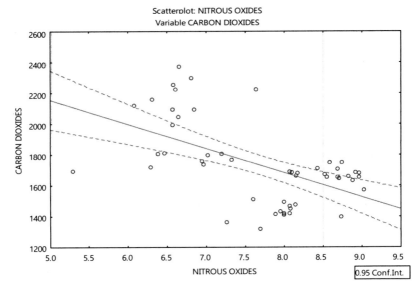

〈그림 3-21〉 질소산화물과 이산화탄소 Scatter plot

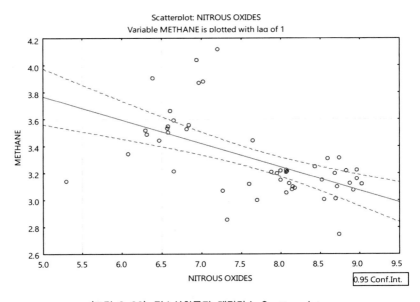

〈그림 3-22〉 질소산화물과 메탄가스 Scatter plot

2. Spectral Analysis of EU data Household emission with annual change rate

1) Cluster Plots

이전 항에서는 대규모의 장기간(1970-2021) 데이터를 통해 주요한 배출가스의 트렌드를 살펴보았는데, 본 항에서는 유럽 연합의 데이터를 통하여 가계 수준에서 주요 배출 가스의 패턴을 살펴보고자 한다. EU의 데이터가 현재 구득할 수 있는 수준에서는 2010-2021년 기간으로 제한되어 이 기간 데이터의 특성을 살펴보고자 노력하였고, 이에 따라서 앞의 항과는 다소간 다른 접근을 하게 되었다. 비교적 단기간의 특성을 고려하여 연간 변화율을 기반으로 분석을 시도하였고, 클러스터 분석을 통하여 국가들의 그룹 형성으로 살펴보고자 하였다. 본 분석은 Numerical Taxanomy의 방법론의 하나로 제시할 수 있다.

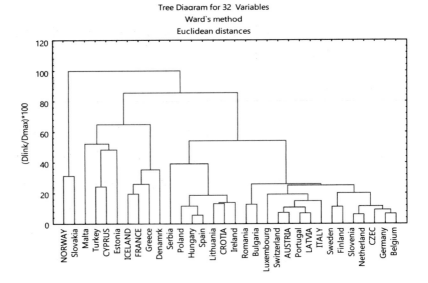

〈그림3-23〉 클러스터 1 EU Acidifying gases total (Household emission)
2014-2021

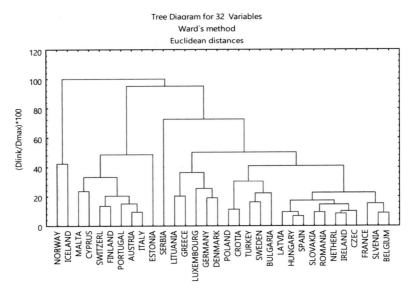

〈그림 3-24〉 클러스터 2 EU Nitrous Oxides (household emission) 2014-2021

<표 3-7> 클러스터링 결과 값: SO₂ Equivalent

Variable	Euclidean distances (24 207 EU SO2 eq individual series)											
	Belgium	Bulgaria	CZEC	Denamrk	Germany	Estonia	Ireland	Greece	Spain	FRANCE	CROTIA	ITALY
Belgium	0.0	13.0	8.5	34.0	5.8	35.4	12.8	21.8	10.3	14.7	16.1	13.2
Bulgaria	13.0	0.0	13.5	43.0	15.1	39.6	20.9	30.8	13.8	22.8	20.1	20.8
CZEC	8.5	13.5	0.0	36.7	6.5	31.0	13.7	24.9	9.2	15.9	14.9	16.7
Denamrk	34.0	43.0	36.7	0.0	31.3	39.9	38.7	24.1	37.0	24.4	41.8	32.6
Germany	5.8	15.1	6.5	31.3	0.0	31.2	13.1	20.1	9.8	10.6	16.1	13.8
Estonia	35.4	39.6	31.0	39.9	31.2	0.0	37.2	41.8	35.2	28.6	42.5	36.5
Ireland	12.8	20.9	13.7	38.7	13.1	37.2	0.0	20.3	12.0	18.8	12.1	17.2
Greece	21.8	30.8	24.9	24.1	20.1	41.8	20.3	0.0	21.1	17.6	22.9	20.9
Spain	10.3	13.8	9.2	37.0	9.8	35.2	12.0	21.1	0.0	17.4	13.4	17.2
FRANCE	14.7	22.8	15.9	24.4	10.6	28.6	18.8	17.6	17.4	0.0	22.5	14.0
CROTIA	16.1	20.1	14.9	41.8	16.1	42.5	12.1	22.9	13.4	22.5	0.0	18.7
ITALY	13.2	20.8	16.7	32.6	13.8	36.5	17.2	20.9	17.2	14.0	18.7	0.0
CYPRUS	27.7	31.4	30.3	38.5	28.0	36.5	29.3	31.0	27.8	27.6	37.5	28.1
LATVIA	10.5	15.4	14.0	35.6	11.9	37.2	12.6	19.3	7.8	16.5	16.7	13.7
Lithuania	17.6	21.1	20.2	42.5	19.4	46.6	12.1	20.7	14.4	24.3	11.6	19.6
Luxembourg	12.2	17.9	16.6	34.5	14.9	43.6	18.7	20.3	13.3	21.2	16.9	16.7
Hungary	10.3	14.8	10.0	38.5	10.8	37.0	9.3	21.1	5.0	18.0	10.0	14.7
Malta	34.9	33.0	36.9	53.4	36.8	43.7	43.7	52.7	41.5	39.9	48.5	39.3
Netherland	5.4	12.0	8.2	36.6	7.4	35.0	10.4	22.2	8.0	15.7	14.9	13.8
AUSTRIA	7.6	13.2	11.6	35.3	10.0	35.8	15.0	22.5	10.6	15.4	17.1	9.1
Poland	12.7	12.3	10.2	41.9	12.5	37.5	12.0	25.3	9.5	20.0	11.5	18.7
Portugal	10.4	17.9	14.0	30.7	10.6	34.8	15.1	17.2	10.1	13.1	18.4	10.8
Romania	9.8	11.2	14.6	38.4	13.1	39.1	18.4	26.8	14.6	18.5	19.4	14.0
Slovenia	6.1	14.8	11.3	36.0	8.8	35.4	10.9	22.7	12.6	15.0	16.9	12.0
Slovakia	27.5	26.1	25.3	44.1	26.1	47.0	32.2	35.1	26.6	30.5	24.7	32.8
Finland	10.5	18.6	14.1	30.7	11.1	31.5	19.9	24.8	18.1	13.9	24.3	13.1
Sweden	10.2	20.0	13.2	33.1	11.7	34.0	14.8	21.7	14.2	17.2	20.4	13.8
ICELAND	17.5	24.1	20.8	34.4	17.0	37.4	20.5	25.6	21.6	17.4	24.0	21.0
NORWAY	45.0	45.2	45.5	56.4	44.7	69.4	44.9	43.0	42.9	48.3	37.5	49.9
Switzerland	6.5	16.6	11.2	30.6	7.2	32.2	14.4	20.0	11.8	11.6	19.3	10.2
Serbia	27.4	30.9	30.3	51.1	30.5	57.3	25.2	32.8	29.6	35.7	21.4	25.7
Turkey	23.0	27.7	25.3	43.0	24.4	38.7	20.1	28.0	20.7	26.1	27.1	20.6

클러스터 그림3-23에서 Acidifying gases total로 분류 집계된 시계열 자료는 기후변화 특히 대기 자료로 주목받는 질소 산화물 온실 가스 등을 모두 총계한 데이터이며, 클러스터 그림3-23에 의한 그룹별 국가별 분류는 다음과 같다.

그룹 1은 좌측 트리 구조, 그룹 2는 우측 트리 구조로 분류해 보는데, 그룹1에는 다음 국가들이 속한다.

그룹1: 덴마크, 그리스, 프랑스, 아이슬란드, 에스토니아, 사이프러스, 트뤼키에(터키)28), 말타, 슬로바키아, 노르웨이 그룹2에는 다음의 국가들이 속하고, 그룹2는 2-1과 2-2로 세분된다.

그룹 2-1: 폴란드, 헝가리, 스페인, 리투아니아, 크로아티아, 아일
랜드

그룹 2-2: 루마니아, 불가리아, 룩셈부르그, 스위스, 오스트리아,
포르투갈, 라트비아, 이탈리아, 스웨덴, 핀란드, 슬로베니아, 네덜란
드, 체크 공화국, 독일, 벨지움

〈표 3-8〉 클러스터링 결과 값: 질소 산화물

Variable	Euclidean distances (24 208 Nitrogen oxides EU 2014-2021)								
	BELGIUM	BULGARIA	CZEC	DENMARK	GERMANY	ESTONIA	IRELAND	GREECE	SPAIN
BELGIUM	0.0	22.8	10.0	17.7	15.0	31.5	13.6	26.6	8.1
BULGARIA	22.8	0.0	18.4	24.5	29.4	37.3	19.1	29.5	20.7
CZEC	10.0	18.4	0.0	18.6	17.8	28.9	8.6	24.9	8.5
DENMARK	17.7	24.5	18.6	0.0	16.9	35.1	17.2	18.1	15.1
GERMANY	15.0	29.4	17.8	16.9	0.0	33.8	17.7	24.0	11.1
ESTONIA	31.5	37.3	28.9	35.1	33.8	0.0	33.3	44.3	28.4
IRELAND	13.6	19.1	8.6	17.2	17.7	33.3	0.0	17.7	11.5
GREECE	26.6	29.5	24.9	18.1	24.0	44.3	17.7	0.0	23.7
SPAIN	8.1	20.7	8.5	15.1	11.1	28.4	11.5	23.7	0.0
FRANCE	13.4	25.5	9.8	15.0	16.8	29.2	12.8	23.5	11.7
CROTIA	17.3	24.5	14.9	21.2	20.8	40.6	12.8	20.3	17.3
ITALY	13.9	24.1	14.5	14.3	21.7	32.4	18.5	27.0	15.2
CYPRUS	20.2	28.6	20.3	25.3	31.9	33.5	23.4	32.4	23.2
LATVIA	11.4	18.9	10.9	12.7	16.4	33.1	10.8	19.5	8.8
LITUANIA	28.6	33.0	26.9	21.9	26.8	50.0	21.6	18.0	27.9
LUXEMBOURG	20.9	27.1	25.6	21.9	20.4	47.8	24.5	26.6	21.1
HUNGARY	11.3	18.1	7.6	15.8	14.1	31.0	9.3	22.1	6.0
MALTA	21.4	34.6	26.0	35.4	34.5	35.5	31.7	45.4	27.3
NETHERL	9.0	21.3	8.4	18.5	17.8	35.1	7.4	21.5	11.2
AUSTRIA	11.5	24.3	14.6	19.6	22.1	33.3	20.4	31.3	14.7
POLAND	22.1	27.8	18.0	25.5	24.7	39.0	15.8	21.2	20.4
PORTUGAL	12.7	24.0	15.3	15.4	19.0	28.7	18.6	26.5	11.6
ROMANIA	15.8	19.6	12.2	12.8	18.6	37.1	10.5	17.4	13.4
SLVENIA	7.8	25.8	10.3	19.1	18.2	29.8	13.6	27.3	12.2
SLOVAKIA	14.2	18.0	8.8	17.4	17.1	35.7	7.9	21.2	11.7
FINLAND	10.7	27.6	16.5	21.5	21.8	32.7	19.9	30.4	16.0
SWEDEN	11.0	20.7	13.3	20.1	20.2	34.5	11.3	22.7	13.6
ICELAND	47.1	56.9	49.8	40.7	33.9	54.4	46.6	41.6	43.2
NORWAY	33.8	44.2	36.7	34.5	25.4	54.0	37.0	39.4	32.0
SWITZERL	14.6	31.0	21.2	20.7	20.3	27.7	24.6	32.9	16.6
SERBIA	46.5	45.9	44.8	41.8	45.5	61.6	39.5	34.8	46.0
TURKEY	19.3	16.1	16.9	19.6	23.1	42.3	12.4	17.5	18.0

28) 터기의 국가명 변경 이전부터의 데이터여서 EU 자료에도 터키로 명명 표기됨.

위에 나타난 클러스터 트리 구조는 이들 국가들의 연간 변화율상의 근접 거리 기준 배열이므로 국가 간 거리가 데이터 이동의 유사성에 비례한다. 이를 보다 수치적으로 찾아보기 위해선 표와 같이 거리표를 제시할 수 있다.

　　클러스터 그림3-24는 질소산화물의 클러스터 구조이며, 그룹1, 그룹 2-1, 2-2. 2-3으로 대분될 수 있다. 각 그룹별 소속 국가들은 다음과 같다. 그룹2는 다시 세 개의 하위 그룹으로 대분되는 양태이다.

　　그룹1: 아이슬란드, 에스토니아, 사이프러스, 말타, 노르웨이, 스위스, 핀란드, 포르투갈, 오스트리아, 이탈리아

　　그룹 2-1:리투아니아, 그리스, 룩셈부르그, 독일, 덴마크, 세르비아(아웃라이어)

　　그룹 2-2: 폴란드, 크로아티아, 터키, 스웨덴, 불가리아

　　표 3-8 클러스터링 결과 값: 질소 산화물

　　그룹2-3:라트비아, 헝가리, 스페인, 슬로바카아, 루마니아, 네덜란드, 아일랜드, 체크 공화국, 프랑스, 슬로베니아, 벨지움

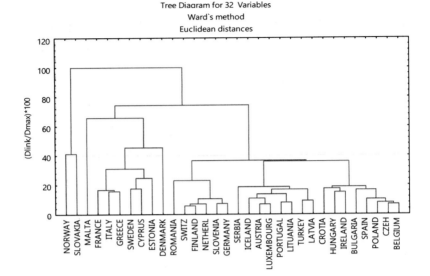

〈그림 3-25〉 EU Sulfur Oxides (household emission) 2014-2021

클러스터 그림 3-25은 황산화물의 배출량 증감 패턴에 의한 클러스터 구조인데, 그룹 1,2,3으로 나뉘고, 다시 세부적으로 그룹 3은 3-1, 3-2, 3-3으로 나뉘는 큰 그룹이다.

그룹 1: 말타, 프랑스 이탈리아, 그리스, 스웨덴, 사이프러스, 에스토니아, 덴마크, (아웃라이어: 노르웨이, 슬로바키아)

그룹 2-1: 루마니아, 스위스, 핀란드, 네덜란드, 슬로바니아, 독일

그룹 2-2: 세르비아, 아이슬란드, 오스트리아, 룩셈부르그, 포르투갈, 리투아니아, 터키, 라트비아

그룹 2-3: 크로아티아, 헝가리, 아일랜드, 불가리아, 스페인, 폴란드, 체크 공화국, 벨지움

⟨표3-9⟩ 클러스터링 결과 값: 황산화물 SO₂ equivalent

Variable	Euclidean distances (24207 Sulfur Oxides EU SO2 eq individual series)								
	BELGIUM	BULGARIA	CZEH	DENMARK	GERMANY	ESTONIA	IRELAND	GREECE	SPAIN
BELGIUM	0	36	18	96	31	59	37	40	24
BULGARIA	36	0	29	100	42	78	51	62	42
CZEH	18	29	0	97	30	55	31	47	22
DENMARK	96	100	97	0	111	112	120	72	99
GERMANY	31	42	30	111	0	55	30	59	41
ESTONIA	59	78	55	112	55	0	62	70	51
IRELAND	37	51	31	120	30	62	0	64	46
GREECE	40	62	47	72	59	70	64	0	46
SPAIN	24	42	22	99	41	51	46	46	0
FRANCE	57	78	62	80	66	54	74	43	60
CROTIA	38	47	30	94	56	70	44	55	40
ITALY	40	65	46	102	46	56	50	41	49
CYPRUS	58	69	57	91	52	63	70	55	57
LATVIA	28	48	34	107	25	62	39	45	37
LITUANIA	27	51	32	108	43	70	35	46	34
LUXEMBOURG	18	39	30	102	37	67	46	42	30
HUNGARY	42	40	28	103	40	61	39	54	38
MALTA	110	101	106	146	104	118	112	135	117
NETHERL	20	38	22	104	21	54	29	52	35
AUSTRIA	20	42	26	106	26	58	37	47	30
POLAND	21	35	19	113	28	62	26	56	27
PORTUGAL	22	49	29	100	34	60	36	35	33
ROMANIA	45	57	55	112	50	80	62	69	64
SLOVENIA	32	45	35	106	19	61	34	55	49
SLOVAKIA	74	80	76	136	97	102	87	92	70
FINLAND	23	44	23	100	20	50	30	50	36
SWEDEN	58	79	58	97	57	57	62	54	61
ICELAND	27	50	38	116	28	68	36	54	45
NORWAY	139	145	143	173	162	179	149	134	136
SWITZ	26	49	31	95	25	48	40	44	40
SERBIA	44	52	46	112	49	90	45	55	57
TURKEY	45	67	50	116	37	61	51	55	48

2) Spectral Analysis of EU countries Sulfur household emission

여기서는 가계에서 배출된 황산화물 데이터에 대한 Fourier Spectral Analysis 결과를 제시 해본다. (2014-2021 기간의 데이터를 분석 대상으로 하였다)

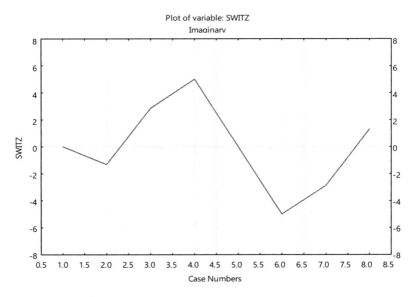

〈그림 3-26〉 가계의 황산화물 배출 Fourier Spectral Analysis: 스위스

황산화물 데이터로 현재 분석 대상인 EU 데이터는 데이터의 시계열 기간이 비교적 단기여서 Spectral analysis에 제약이 많이 발생하였고, 이에 따라 가능한 범위내에서 분석을 진행하였다.

□ 스위스의 경우 특성을 요약해 보면, 전 기간에 걸쳐 결과적으로 No downward, upward and rebound로 표현 가능하며

□ 포르투갈의 경우, 프랑스, 스위스와 유사한 패턴을 보이고 있다.

흥미로운 점은 세 국가 모두 공통된 시기에 업 다운의 시점을 갖는 다는 점이다. 즉 2015년에 저점을 찍고, 2017년에 정점을 찍고, 2019년에 매우 낮은 기록하는 패턴을 보이고 있다.

□ 스웨덴은 앞의 세 국가와 저점 고점 시기는 동일하나 연결 각도 가 보다 예리한 각도를 보이고 있다. 2015년 저점, 2017년 고 점, 2019년 저점은 동일하나, 2015년 저점과 2019년 저점 수 준간 차이가 크지 않은 점이 앞의 세 국가들과의 차이이다.

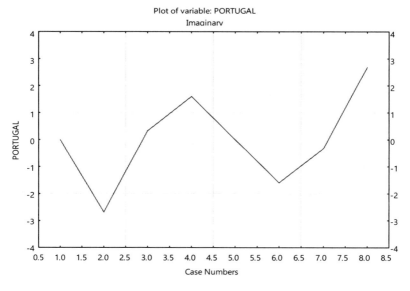

〈그림 3-27〉 가계의 황산화물 배출 Fourier Spectral Analysis: 포르투갈

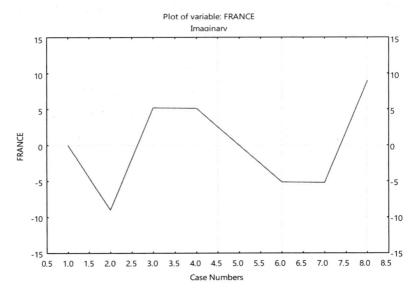

〈그림3-28〉 가계의 황산화물 배출 Fourier Spectral Analysis: 프랑스

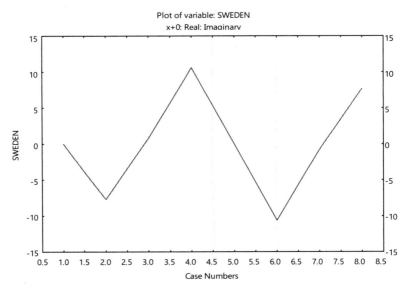

〈그림 3-29〉 가계의 황산화물 배출 Fourier Spectral Analysis: 스웨덴

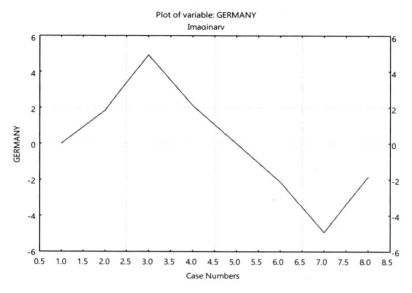

〈그림 3-30〉 가계의 황산화물 배출 Fourier Spectral Analysis: 독일

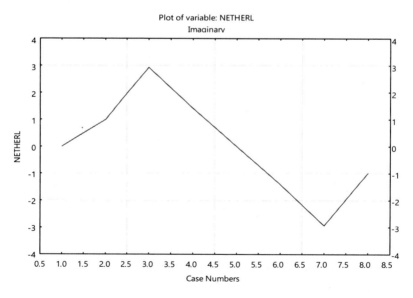

〈그림 3-31〉 가계의 황산화물 배출 Fourier Spectral Analysis: 네덜란드

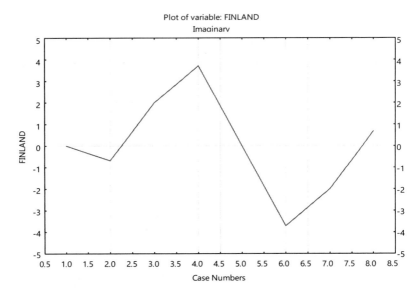

<그림 3-32> 가계의 황산화물 배출 Fourier Spectral Analysis: 핀란드

□ 독일의 경우, 2016년에 정점을 만난 후 급격한 하락을 하다가
2020년 경에 반등을 이루는 면에서 앞의 국가들과 확연한 차
이를 보인다.

독일 경제의 배출 가스 구조 자체가 타 유럽국가들과 체계적인
차이를 지님을 시사한다.

□프랑스도 독특한 패턴을 보여 주는데, 저점이 2016년, 2019년
에 나타나는 것은 앞의 세 국가와 공통이지만, 더 큰 차이는
2016년-2017년과 2019년-2020년 기간이 분지와 같이 평탄한
구간을 두 번 보이고 있다.

이러한 데이터의 양태를 보다 잘 이해하기 위해서 Smoothing을
실시할 수 있다.

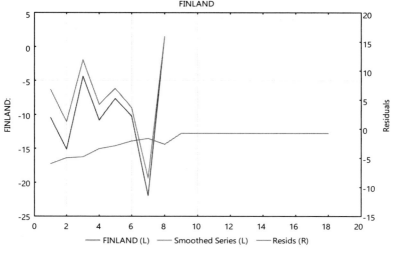

〈그림 3-33〉 가계의 황산화물 배출 스무딩 (핀란드)

각국마다 Damped와 Linear Smoothing을 시행하여 보았는데, 앞의 항에서 spectral analysis에서 비슷한 pike를 보여 주었던 국가들도 스무딩 방법으로 데이터를 표출해보면, 각국 고유의 패턴으로 나뉘는 것을 볼 수 있다. 다만, 전반적인 상승세에 대한 유형을 확인할 수 있다는 점, 그리고, 연도별의 fluctuation을 제거한 상태의 패턴을 볼 수 있다는 점이 특징이라 할 수 있다.

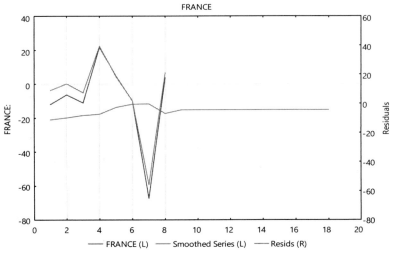

〈그림 3-34〉 가계의 황산화물 배출 스무딩 (프랑스)

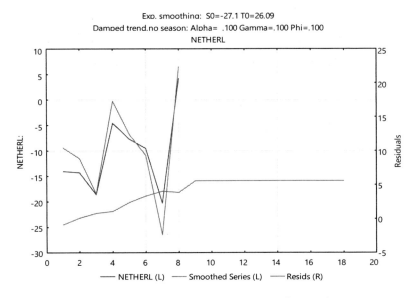

〈그림 3-35〉 가계의 황산화물 배출 스무딩 (네덜란드)

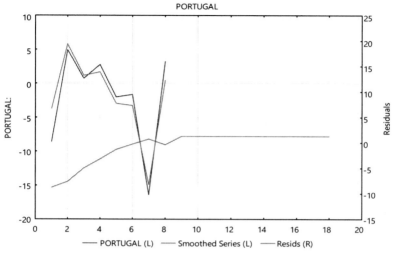

〈그림 3-36〉 가계의 황산화물 배출 스무딩 (포르투갈)

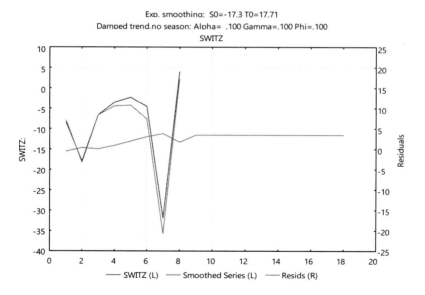

〈그림 3-37〉 가계의 황산화물 배출 스무딩 (스위스)

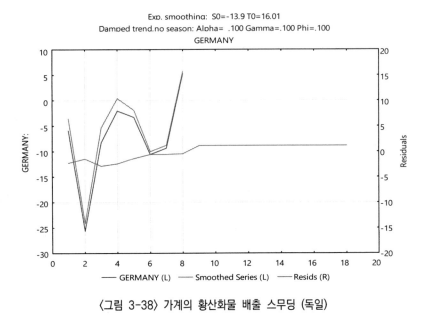

〈그림 3-38〉 가계의 황산화물 배출 스무딩 (독일)

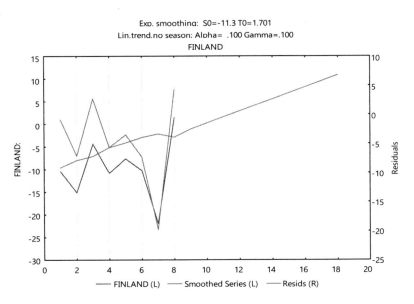

〈그림 3-39〉 가계의 황산화물 배출 linear Trend Smoothing (핀란드)

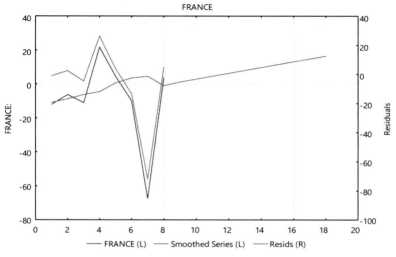

〈그림 3-40〉 가계의 황산화물 배출 linear Trend Smoothing (프랑스)

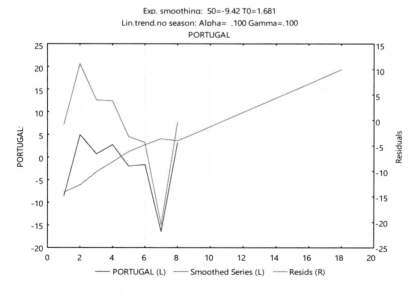

〈그림 3-41〉 가계의 황산화물 배출 linear Trend Smoothing (포르투갈)

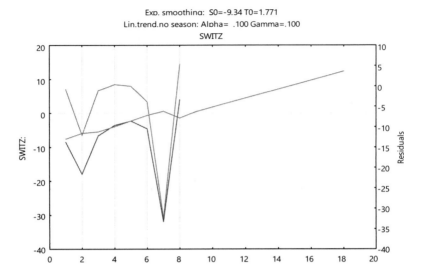

〈그림 3-42〉 가계의 황산화물 배출 linear Trend Smoothing (스위스)

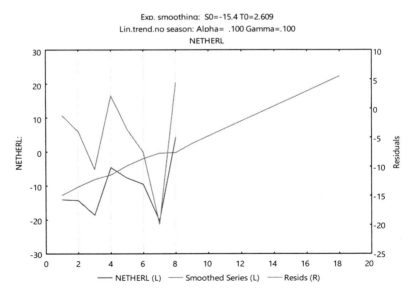

〈그림 3-43〉 가계의 황산화물 배출 linear Trend Smoothing (네덜란드)

3. EU Fresh water trends: Cubic metres per inhabitant Fresh surface and groundwater

본고에서 산성비를 다루고 있듯이. 시계열 데이터가 가용한 EU를 중심으로 단위 인구 당 생활용 담수의 활용 트렌드를 살펴볼 수 있다.

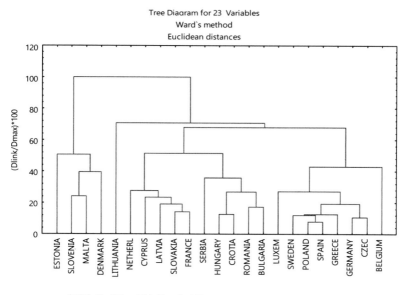

⟨그림 3-44⟩ EU Fresh Water trends cluster results

EU Fresh Water trends

먼저 Numerical Taxanomy 방식의 클러스터 그룹핑은 그룹1의 경우, 에스토니아, 슬로베니아, 말타로 구성되고, 그룹 2-1은 네덜란드, 시프러스, 라트비아. 슬로바키아, 그룹 2-2는 세르비아, 헝가리, 크로아티아, 루마니아, 불가리아가 해당되고, 그룹 2-3은 룩셈부르그, 스웨덴, 폴란드, 스페인, 그리스, 독일, 체크 공화국, 벨지움이 속하고 있다.

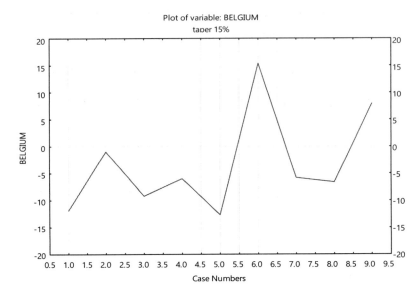

〈그림 3-45〉 EU Fresh Water trends: Spectral Analysis 벨기에

유럽 연합 데이터로 살펴보는 각국 담수 활용양의 경우, 각국별 편차가 상당한 정도로 나타나고 있는데, 이는 기후 외에도 산업, 경제, 지리적 특성이 반영되는 경향이 있어서 각국별 프로파일을 제시해 볼 수 있다.

벨기에

벨기에는 저탄소 사회로의 전환에 특별히 강조를 두어 파리 협정에 대한 자신들의 약속을 재확인하면서 세 개의 지역 정부와 연방 정부에 의해 에너지 전환과 관련된 에너지 협약을 제시하였는데, 여기서는 2050년까지 벨기에의 에너지 체계를 위한 목표를 제시하며, 다양한 에너지 전환 목표를 설정하고, 벨기에의 에너지 체계를 변경하기 위한 일관된 중장기 전략의 기반으로서, 에너지 전환을 가속화하기 위한 주요 조치들을 제시하고 있다.29) 또한, 2030년의 에너지 혼합 활용에 대한 시사점을 제공하는데, 에너지 효율성 및 지속 가능한 에너지 소비로의 전환은 보건, 이동성, 고용, 교육, 토지 이용 및 순환 경제를 포함한 다양한 관련 공공 정책 영역에 통합된 정책이며, 벨기에의 에너지 및 기후 정책은 다음과 같은 전략적 목표를 설정하였다. 즉 지속가능하고 안전하며 저렴한 에너지 보장, 에너지 시스템의 중심에 시민을 두기, 대규모 및 소규모 소비자 모두에게 저렴한 시스템 유지, 모든 정부 수준에서의 참여와 일관성 있는 이니셔티브 보장이다.30)

29) Essam Elnagar a, Samuel Gendebien a, Emeline Georges b, Umberto Berardi c, Sebastien Doutreloup d, Vincent Lemort., Framework to assess climate change impact on heating and cooling energy demands in building stock: A case study of Belgium in 2050 and 2100 Energy and Buildings Volume 298, 1 November 2023.

30) https://www.trade.gov/country-commercial-guides/belgium-market-overview 미국 International Trade Admin, U.S. Department of Commerce 자료.

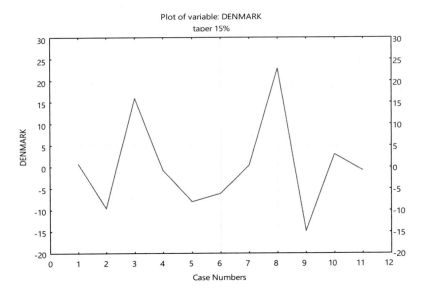

〈그림 3-46〉 EU Fresh Water trends: Spectral Analysis 덴마크

덴마크(Denmark)

덴마크는 재생 에너지를 개발하고 사용해온 오랜 전통이 있는 국가이다. 재생 에너지에서 생산된 전기는 전체 공급 전기의 67%에 이르렀고, 그 중 풍력 에너지가 46.8%, 바이오매스가 11.2%를 기여하였다. 덴마크는 평지와 바다와의 근접성으로 인해 탁월한 풍력 에너지 자원을 보유하고 있으며, 기후와 수문학적 조건은 이러한 특성을 뒷받침하지만, 땅 자체가 국토의 작은 면적과 상대적으로 높은 인구밀도 때문에 희귀 자원이다. 긴 덴마크 해안선은 미래에 파력 에너지로서 중요해질 수 있고, 광전지와 태양열 활용도 증가하고 있지만, 이러한 방법의 비용 효율성은 보다 남쪽의 일조량이 풍부한 유럽국가들에서와 비해 경쟁력이 부족할 수 있다.

덴마크는 2020년 덴마크 국회가 채택한 기후법을 통해 2030년까지 온실가스 배출량을 1990년 기준으로 70% 줄이고, 2050년까지 기후 중립을 달성하기 위한 목표를 설정했는데, 이러한 감축 목표는 법적으로 구속력이 있다. 1973년의 글로벌 에너지 위기 이후 덴마크는 에너지 자급자족을 증가시키기 위해 노력하면서, 처음에는 북해에서의 석유 및 천연가스 자원 개발에 중점을 두었는데, 거의 동 시기인 1970년대에 풍력 터빈 및 바이오매스 발전소 건설 및 운영을 위한 최초의 보조금이 도입되면서 에너지 자급자족 증가와 재생에너지 생산 증가를 정책 목표로 추진케 되었다. 1997년부터 2013년까지 덴마크는 에너지의 순수 수출국이었고, 덴마크 기후, 에너지 및 공공시설 장관은 2050년까지는 가스 수입국으로 남을 것으로 예상하고 있으며, 이에 따라 석유 및 가스 개발에 대한 금지령이 생산 중단으로 이어질 것으로 예상되고 있다.

세계적인 온난화와 에너지 안보에 대한 우려로 인해 재생 에너지와 이산화탄소 배출 저감이 덴마크의 정치적 의제에 높은 위치에 있다. 덴마크는 에너지 기술이 시장 기구와 정치 규제의 결합을 통해 촉진되어야 한다고 주장하는 국가에 속한다. 31)

---

31) https://www.trade.gov/country-commercial-guides/denmark-renewable-energy-products
Country Commercial Guide, International Trade Admin, U.S. Department of Commerce 자료.

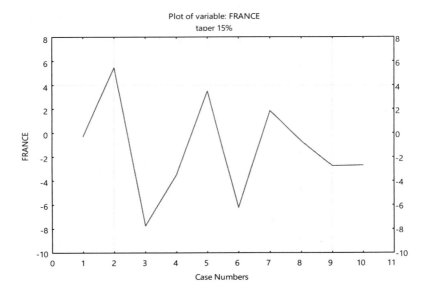

〈그림 3-47〉 EU Fresh Water trends: Spectral Analysis 프랑스

프랑스

프랑스는 전력의 약 2/3가 프랑스 국토 내의 56개의 원자로로부터 공급되며, 지난 30년간 프랑스는 전기 수출국이었다. 프랑스는 대부분의 화석 연료를 수입하며 지리적 원산지를 다양화하여 왔고, 온실 가스 배출량이 비교적 적은 가운데, 전기와 가스는 주요 산업 부문에서 기름과 석탄 사용을 점차 대체해 왔으나 교통 부문에서는 화석연료 기반 제품이 여전히 일반적으로 쓰인다.

재생 에너지는 프랑스의 에너지 혼합에서 점차 증가하는 비중을 차지하여, 2022년 프랑스의 총 최종 에너지 소비의 25.3%를 차지하였고. 프랑스 정부는 2021년에 60억 유로(70.6억 달러)의 약정과 함께 재생 에너지를 지원하는 금액을 25% 증가시켰다.32) 프랑스의 재

---

32) Auffhammer and Mansur, M. Auffhammer, E.T. Mansur. Measuring

생 에너지는 지난 몇 년 동안 꾸준히 성장하여 2019년에 기본 에너지 소비의 11.7%와 총 최종 에너지 소비의 25.3%에 이르렀으며, 재생 에너지는 약 6만 명의 정규직 일자리를 지원하고 있는데, 재생 에너지 부문은 매우 다양하여, 다음의 10가지 서로 다른 하위 부문을 포함하고 있다[33]: 목재 에너지: 35.2% - 수력 17.3% - 바이오연료 12.1% - 풍력 10.4% - 열 펌프 (전통적인 라디에이터를 대체하는 열 펌프) 9.6% - 재생 가능한 폐기물 4.8% - 바이오가스 3.4% - 태양 3.4%. 기타 (지열, 농업, 해양) 3.6%.

가장 발전된 재생 에너지 부문은 여전히 목재 에너지와 수력이지만, 육상 풍력 발전소와 열 펌프는 최근 몇 년 동안 가장 많은 발전을 이룬 두 부분인데, 현재 해상 풍력 발전소가 개발 중에 있고, EU 회원국 중에서는 프랑스가 수력 발전량에서 가장 큰 생산국이며 바이오연료 생산량에서는 두 번째로 큰 생산국이다.

프랑스의 육상 풍력 발전량은 총 17,932 MW(메가와트)로서, 2020년 초부터 연결된 총량은 323 MW이며, 이후 풍력 발전은 약 39,685 GWh(기가와트시간)로, 국가 전기 소비의 거의 9%에 해당한다.[34]

2020년 12월, 프랑스는 유럽에서 네 번째로 큰 풍력 발전소를 보유하며, 총 17,612 Mega Watt로 독일(62,627 MW), 스페인

climatic impacts on energy consumption: A review of the empirical literature Energy Econ., 46 (2014), pp. 522-530

33) Qiqi Tao a, Marie Naveau a, Alexis Tantet a, Jordi Badosa a, Philippe Drobinski., Climate Services Volume 33, January 2024, 100426

34) https://www.statistiques.developpement-durable.gouv.fr/chiffres-cles-de-lenergie-edition-2020-0
http://www.journal-eolien.org/tout-sur-l-eolien/la-puissance-eolienne-en-france/
http://www.energies-renouvelables.org/accueil-observ-er.asp

(27,264 MW), 영국(24,168 MW)에 이어 순위를 차지했다. 현재 생
트 나자이르 해안의 해상 풍력 발전소는 현재 건설 중이며, 80개의
풍력 터빈을 갖추어, 연간 70만 명의 전기 소비에 해당하는 양을 공
급하여, 지역 소비의 20%를 차지하였고, 현재 프랑스 서부 해안에서
여러 해상 풍력 사업이 개발 중에 있다(생트 나자이르, 페캉, 쿠르스
뤼르-쉬르메르, 생 브리욱 등)

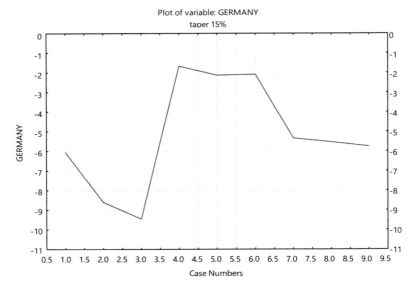

〈그림 3-48〉 EU Fresh Water trends: Spectral Analysis 독일

대기 오염물질들의 시계열 자료에 비하여 담수 활용양의 경우, 각
국별 편차가 상당한 정도로 나타나고 있는데, 이는 기후 외에도 산
업, 경제, 지리적 특성이 반영되는 것으로 판단될 수 있다.

독일

독일은 재생 가능 에너지 개발에서 선두주자로서, 재생 가능 에너지는 현재 독일에서 소비되는 전기량의 약 36%를 차지하며, 독일 정부의 목표를 따라, 재생 가능 에너지 점유율은 2050년까지 전기 소비량의 80%까지 증가될 예정이다. 에너지 저장 시스템은 재생 가능 에너지를 에너지 인프라에 통합하는 데 핵심적인 역할을 하며, 변동성이 큰 재생 가능 에너지의 증가를 보상하여 전력망 안전을 유지하는 데 도움을 주게 된다. 독일의 지리적 특성은 새로운 펌프 저장용량 개발 가능성을 상당히 제한하므로. 새로운 저장 기술과 스마트 그리드의 사용을 필수적 요소로 만든다.[35]

소형 및 상업용 배터리 시스템

지난 25년 동안 독일에는 총 용량 약 45 GWp(2017년 기준)인 약 1.7백만 개의 태양광 발전소가 설치되었는데, 이 중 약 1백만 개는 주택 지붕에 설치된 용량이 10 kWp 미만인 소형 태양광 발전소이다. 최근에 설치된 주거용 태양광 발전 시스템 중 매 초마다 절반은 자체 소비하는 태양광 전기량을 늘리기 위해 에너지 저장 시스템과 결합된다. 2018년 말까지 약 12만 가구와 상업 시설이 이미 독일에서 태양광-배터리 시스템에 투자하여, 2020년까지 태양광-배터리 시스템의 연간 설치량은 약 5만 개에 달할 것으로 예상되었다. 2023년 기준으로 독일의 주택 지붕 태양광 시스템 중 배터리가 장착된 것

---

35) Yaghoob Jafari, Helena Engemann, Thomas Heckelei, Karlo Hainsch,
National and Regional Economic Impacts of changes in Germany's electricity mix: A dynamic analysis through 2050,Utilities Policy,Volume 82, 2023,

은 8%에 불과하나, 2030년까지는 80% 이상으로 증가시키는 정책을 추진 중이다.36)

태양광 전기의 자체 소비 증가 외에도 배터리는 여러 유익한 목적으로 점점 더 사용되고 있다. 전력 회사들은 전기 평가제와 같은 새로운 요금 및 서비스 모델을 제공하여, 주거용 태양광 배터리는 그리드 서비스를 수행하고 추가 수입을 창출하기 위해 네트워크으로 연결된다. 제어 전력의 제공은 상업용 배터리에게 실현 가능한 수입원이 되고, 상업적인 기업들은 배터리를 사용하여 최적화된 부하 프로필을 유지함으로써 전기 비용을 감소시키고 그리드 수수료를 절약할 수 있다.

대규모 배터리 시스템

독일의 미래 에너지 인프라에 대규모 태양광 및 풍력 에너지를 안전하게 통합하기 위해 대규모 배터리 시스템은 중요한 역할을 할 것인데, 이러한 시스템은 그리드 주파수를 안정화하기 위해 제어 전력을 제공하는 데 활용된다. 2018년 말 기준으로 독일은 대규모 배터리 프로젝트의 총 용량이 약 400 MW를 기록했다.37)

---

36) Germany Trade and Invest
    https://www.gtai.de/en/invest/industries/energy/energy-storage
37) Germany Climate Resilience Policy Indicator
https://www.iea.org/articles/germany-climate-resilience-policy-indicato
    r

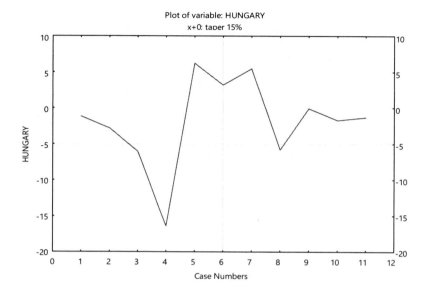

〈그림 3-49〉 EU Fresh Water trends: Spectral Analysis 헝가리

헝가리

2020년 6월, 헝가리는 2050년 제로 배출 지표를 법적 의무로 하는 새로운 법률을 통과시켰는데, 이 목표에 부합하기 위하여, 헝가리는 2030년까지 새로운 원자력 및 재생 가능 에너지를 중요한 역할로 삼아 90%의 저탄소 전기 생산을 목표로 하고 있다.[38]

헝가리의 2030년 국가 에너지 전략은 2040년에 초점을 맞춘 깨끗하고 스마트하며 저렴한 에너지에 대한 비전을 통합하고, 에너지 독립성 및 보안을 높이며, 에너지 생산을 탄소 중립화하는 내용으로 수정되었고[39], 재생 가능 에너지의 점유율을 최소 21%로 증가시킬 계

38) Szlavik, Janos, and Maria Csete. 2012. "Climate and Energy Policy in Hungary" Energies 5, no. 2: 494-517.
39) Climate and energy efficiency aspects of the Hungarian National Energy and Climate draft

획이다.[40]

2050년 목표를 향한 주요 동력은 재생 가능 및 원자력 전기, 그리고 최종 사용 부문의 전기화로서, 헝가리는 원자력 발전소 신축을 포함한 전기 부문에 상당한 투자를 예정하며, 재생 가능 에너지 발전은 크게 확대되었지만, 적절한 전력 그리드 연결점의 부족으로 인해 성장이 둔화되었다.

헝가리 경제가 저탄소 방향으로 바뀌면서, 그린하우스 가스 배출량이 감소했으나, 새로운 기후법의 목표인 1990년 수준의 배출량을 40% 감소시키는 것은 2030년까지는 무리인데, 왜냐하면 2050년에 net zero으로 도달하기 위해서는 이후 몇십 년 동안 상당히 큰 배출량 감축이 필요할 것이기 때문이다.[41] 러시아는 헝가리의 천연 가스(75%), 석유(60-80%), 및 원자력 연료(100%)를 대부분 공급해 오고 있다.

https://c4eforum.net/climate-and-energy-efficiency-aspects-of-the-hungarian-national-energy-and-climate-draft/
40) https://www.trade.gov/country-commercial-guides/hungary-energy
41) CCPI 2024: Ranking and Results

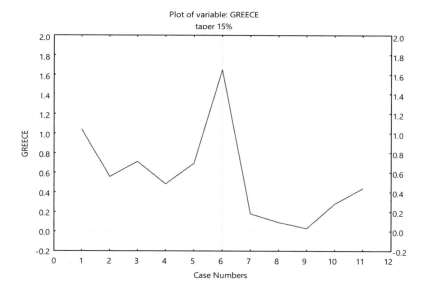

〈그림 3-50〉 EU Fresh Water trends: Spectral Analysis 그리스

그리스

그리스의 총 최종 에너지 소비는 2000년부터 2018년까지 약 13% 감소했다. 2018년에는 교통이 최대 소비 부문으로 38%의 최종 에너지 사용을 차지했으며, 2000년부터 2018년까지 9% 정도가 감소되었다. 주거 부문은 최종 에너지 사용의 27%를 차지하여 두 번째로 큰 소비 부문이며, 약 8% 감소하였다. 2018년에 최종 에너지 사용의 18%를 차지하는 산업은 2000년부터 2018년까지 거의 38% 감소했으며, 서비스 부문은 최종 에너지 사용의 16%를 차지하며 86% 증가했다.[42]

---

42) Georgopoulou, Elena, Sevastianos Mirasgedis, Yannis Sarafidis, Christos Giannakopoulos, Konstantinos V. Varotsos, and Nikos Gakis. 2024. "Climate Change Impacts on the Energy System of a Climate-Vulnerable Mediterranean Country (Greece)" Atmosphere 15, no. 3: 286.

2000년부터 2018년까지 최종 소비자의 에너지 효율성은 약 32% 향상되었는데, 가장 큰 개선은 38%로 교통 부문에서 이루어졌으며 (국제 항공 운송 제외), 이어서 가구 부문은 31%, 산업 부문은 30% 개선되었으며, 서비스 부문은 가장 낮은 4% 개선이 이루어졌다.[43]

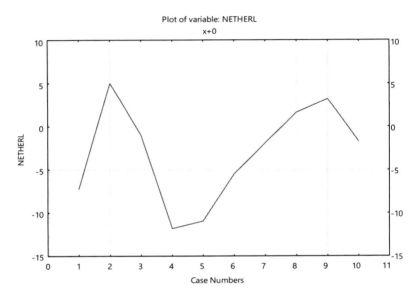

〈그림 3-51〉 EU Fresh Water trends: Spectral Analysis 네덜란드

네덜란드

2022년 기준 네덜란드는 2021년과 거의 동일한 양의 에너지를 생산했는데 (1,180억 kWh), 재생 가능 에너지 생산량은 20% 증가하였고, 화석 연료 생산량은 11% 감소하였다.[44] 재생 가능 에너지는

43) ENERGY EFFICIENCY IN GREECE
    https://www.odyssee-mure.eu/publications/policy-brief/greece-energy-efficiency.html
44) Martin Scheepers, Silvana Gamboa Palacios, Elodie Jegu, Larissa P. Nogueira, Loes Rutten, Joost van Stralen, Koen Smekens, Kira West, Bob van der Zwaan,

전체 전력 생산의 40%를 차지하여, 이는 이전 해인 33%에 비해 증가한 수치이다. 네덜란드의 상위 다섯 개 에너지 원은 다음과 같다: 천연 가스(40%), 풍력(18%), 태양광(15%), 석탄(14%), 바이오매스(7%). 추가적인 에너지 원으로는 핵, 석유 제품 및 수력이 있다. 네덜란드는 핵 발전소 한 개와 LNG 단말기 두 개를 보유하고 있다. [45]

네덜란드의 에너지 정책의 주요 초점은 에너지 전환을 통한 탄소 감축이다. 네덜란드는 에너지원에서 천연 가스를 완전히 제거할 계획을 발표한 EU 국가 중 하나였으며,[46] 우크라이나 전쟁 시작 이후 네덜란드에서는 천연 가스에서 전환할 필요성이 더욱 절박해짐에 따라, 정부는 2030년까지 1990년 대비 탄소 배출량을 55% 줄이기로 하여 2023년 4월, 네덜란드 정부는 앞으로 몇 년 동안 310억 달러를 지출하고, 기업에 대한 높은 탄소 세금과 중고 전기 자동차, 주택 단열 및 태양광에 대한 보조금 정책이 추진케 된다.[47]

미국 에너지부와 네덜란드 경제 및 기후 정책부는 2020년 수소 기술에 대한 협력 의사 선언서에 서명하여, 수소 응용 분야에서의 양국 기관들의 향후 수소 연구 및 개발이 진행될 예정이다.

Towards a climate-neutral energy system in the Netherlands, Renewable and Sustainable Energy Reviews, Volume 158, 2022, ISSN 1364-0321,

45) https://www.cbs.nl/en-gb/news/2023/50/from-9-to-15-percent-renewable-energy-over-four-years

46) https://ispt.eu/themes/energytransition/

47) https://www.trade.gov/country-commercial-guides/netherlands-energy

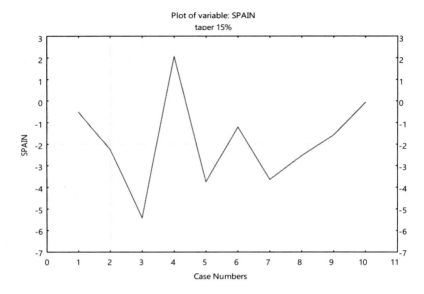

Plot of variable: SPAIN
taper 15%

〈그림 3-52〉 EU Fresh Water trends: Spectral Analysis 스페인

스페인

스페인은 에너지 및 기후 변화 정책으로 인해 에너지 전환의 최전선에 있다. 현재 스페인의 에너지 및 기후 프레임워크는 국가 기후 중립, 전기 혼합물에서의 100% 재생 가능 에너지 및 총 에너지 혼합에서의 97%를 재생 가능 에너지로 하는 2050년 목표를 제시하고 있다. 이러한 목표를 위해서는 특히 태양광, 풍력 및 재생 가능 수소를 중심으로 한 대규모 재생 가능 에너지 개발, 에너지 효율 증가 및 전기화의 개선이 필요로 한다.48) 49)

---

48) S. Carley. State renewable energy electricity policies: an empirical evaluation of effectiveness
Energy Policy(2009)
H.-W. Chan et al., Effects of perceived social norms on support for renewable energy transition: moderation by national culture and environmental risks J. Environ. Psychol.(2022)

지난 5년 동안 이베리아 반도의 평균 연간 기온이 상승하여 여름의 기간과 폭염 날의 수가 증가했고, 기온은 미래에도 계속 상승할 것으로 예상되며, 여름철의 상승 속도가 다른 계절보다 더 빠르고, 내륙 지역보다 해안 지역에서 더 현저하게 증가할 것으로 예상되면서. 기후 변화로 인한 온난화는 에어컨을 위한 전기 수요를 증가시키고, 난방용 가스 수요를 감소시킬 것으로 예상되고 있다.[50]

21세기 동안 국가 평균 강수량은 예상대로 감소할 것으로 예측되며, 더 자주 발생하고 더 긴 기간 동안 지속되는 가뭄이 발생하고 물의 유출량이 줄어들 것으로 예상되며, 낮은 강수량과 유출량은 수력 발전소와 열력 발전소에 압력을 가할 수 있지만, 적은 구름은 태양에너지 발전량을 더욱 증가시킬 수 있고, 동시에 연간 평균 강수량의 감소는 반드시 극심한 강우량의 감소를 의미하지는 않으며, 스페인의 일부 지역은 여전히 강한 폭우와 홍수 증가를 경험할 수 있다.[51]

스페인의 국가 기후 및 에너지 계획은 에너지 부문에서의 기후 변화 적응과 복원력의 중요성을 강조하며, 기후 복원력을 강화하기 위한 제2차 국가 기후 변화 적응 계획은 에너지에 관한 섹션이 있으며, 2050년까지의 현대적이고 경쟁력 있고 기후 중립적인 경제를 위한 장기 전략도 기후 저항력을 강조하고 있다.

---

49) https://www.iea.org/countries/spain
50) Pablo-Romero, M., Sanchez-Braza, A. & Gonzalez-Jara, D. Economic growth and global warming effects on electricity consumption in Spain: a sectoral study. Environ Sci Pollut Res 30, 43096?43112 (2023).
51) Nayak SG, Shrestha S, Kinney PL, Ross Z, Sheridan SC, Pantea CI, et al. Development of a heat vulnerability index for New York State. Public Health. 2018;161:127-37.
Veenema TG, Thornton CP, Lavin RP, Bender AK, Seal S, Corley A. Climate change-related water disasters' impact on population health. J Nurs Scholarsh. 2017;49(6):625-34.

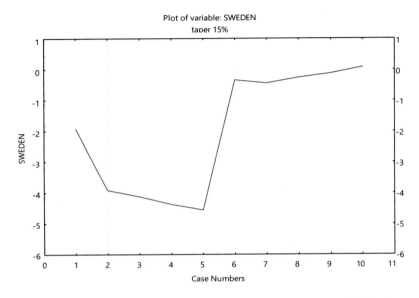

Plot of variable: SWEDEN
taper 15%

〈그림 3-53〉 EU Fresh Water trends: Spectral Analysis 스웨덴

스웨덴

1961년부터 1990년까지의 기준 기간으로부터 1991년부터 2016년까지, 스웨덴의 연간 평균 기온은 1°C 상승했고, 지속 상승할 것으로 예상되어, 세기말에는 1961년부터 1990년까지보다 2°C에서 7°C까지 높아질 수 있다고 예측되고 있는데, 극한 폭염 사건이 더 자주 발생할 것으로 예상되어, 높은 기온은 난방에 필요한 에너지를 줄이지만 여름에는 냉각을 위한 전력 수요를 유발할 것으로 예측되고 있다.52)

---

52) Sweden's draft integrated national energy and climate plan 2022
https://www.government.se/contentassets/e731726022cd4e0b8ffa0f8229893115/swedens-draft-integrated-national-energy-and-climate-plan/

https://www.washingtonpost.com/climate-solutions/interactive/2022/sweden-green-revolution-steel-climate-change/

지난 30년 동안 스웨덴 전역에서 강수량이 증가했으며, 특히 여름에 그러했다. 2071년부터 2100년까지의 평균 연간 강수량은 1961년부터 1990년까지의 것과 비교하여 최대 40% 더 높아질 것으로 예상되며, 그에 따른 유출량 증가로 스웨덴의 수력 발전량이 증가할 수 있다. 강수량 패턴은 더 극단적으로 변화할 것으로 예상되며, 홍수 위험을 높일 것으로 예상되지만 일부 지역에서는 가뭄도 더 흔해질 수 있다. 따라서 이러한 강수량 변화는 북부 스웨덴의 수력 발전 잠재력을 높일 수 있지만 댐 안전 문제를 야기할 수도 있다.[53]

2018년 스웨덴의 국가 기후 변화 적응 전략은 에너지 부문의 기후 영향에 관한 부문을 포함하고 있으며, 스웨덴 에너지 기관이 개발한 부문별 에너지 적응 계획은 기후 저항력을 향상시키기 위한 구체적인 조치를 제시하고[54], 통합 국가 에너지 및 기후 계획 2021-2030에서도 에너지 부문의 기후 저항력에 대해 간단히 다루지만 적응 정책만큼 철저하게 다루지는 않고 있다.

53) Sweden's draft integrated national energy and climate plan According to Regulation (EU) 2018/1999 of the European Parliament and of the Council on the Governance of the Energy Union and Climate Action
54) Energy system of Sweden https://www.iea.org/countries/sweden

제4장 산성비의 활용: 전기 생산과 커뮤니티 구성

제1절 산성비의 생성과정의 개념적 제시

1) 산성비의 생성 과정

산성비는 정상 수치의 화합물보다 높은 질산 계열, 황산 계열의 화합물(higher than normal concentrations of nitric (HNO₃), sulfuric acids (H₂SO₄), and acidifying compounds)이 건조 형태나 습기를 지닌 형태로 공기 중에 있다가 강우로 ph 농도 5.61이하의 빗물로 내리는 현상을 말한다.[55] 산성비의 가장 대표적인 발생 원인은 이산화황(sulfur dioxide (SO₂), 질소산화물(NOx nitrogen oxides), 오존(O₃), 유기산 (organic acids)의 자연 상태 또는 질산화 과정(antropogenic activities)을 포함하고 있다.

산성우의 정의를 다시 해보면

o 강우의 pH가 5.6보다 낮은 경우

$$CO_2 + H_2O \rightarrow H_2CO_3$$

$$H_2CO_3 \leftrightarrow HCO_3^- + H^+$$

$$HCO_3^- \leftrightarrow CO_3^{2-} + H^+$$

o 산성우(acid rain)는 산성화된 빗물

산성강하물(acid precipitation)은 대기로 부터 지표로 강하하는

---

55) Prakash, J., Agrawal, S.B. & Agrawal, M. Global Trends of Acidity in Rainfall and Its Impact on Plants and Soil. J Soil Sci Plant Nutr 23, 398-419 (2023).

산성화된 aerosol, snow, fog 등으로 구분 될 수 있고,

o 건성침착(dry deposition) - 기체의 aerosol형태로 직접 지표면에 침착하는 것

습성침착(wet deposition) - 降水에 수반되어 침착하는 것으로 구분 할 수 있는데, 본고에서는 산성우와 산성 강하물을 통합하여 산성우의 범주로 하여 논의를 진행하고자 한다.

앞의 장에서 유럽 연합과 국제기구의 시계열 자료를 통하여 본 각종 화합물들은 대부분 산성비의 발생 인자들로서 이들에 대한 시계열 데이터 상황을 먼저 살펴 보고 이장에서는 보다 직접적으로 산성비의 이슈들을 논의해 본다.

생성 과정

다양한 배출원으로부터 나오는 SO_2와 NOx는 대기 중의 수증기에 녹아 들어 황산(H_2SO_4)이나 질산(HNO_3)이 된다. 이산화황(sulfur dioxide (SO_2), 질소 산화물, 그리고 오존 간의 상호작용은 궁극적으로 대기 중에 황산(H_2SO_4)이나 질산(HNO_3) 안개(mist)를 만들게 된다.[56] 예를 들면 석탄 연료를 태우는 경우, 여기에 포함된 유황(S)은 대기 중에서 이산화황(SO_2)으로 바뀌고, 지속적으로 산화되어 아황산 이온(SO_3^{2-})이 된다.

$$S + O_2 ---\rangle SO_2$$
$$2SO_2 + O_2 --\rangle 2\ SO_3^{2-}$$

---

56) Calvert JG, Lazrus A, Kok GL, Heikes BG, Walega JG, Lind J, Cantrell CA (1985) Chemical mechanisms of acid generation in the troposphere. Nature 317:27-35.

그런데 암모니아와 O_3의 존재로 인하여 SO_3^{2-}는 SO_4^{2-}가 되고, 결국 구름 속에서 황산(H_2SO_4)이 된다. [57]

한편 질산의 경우, 다음의 과정을 거친다. 차량의 배기 가스에서 방출된 질소(nitrogen)는 지속된 산화를 거치면서 질소산화물(NO_2)이 되고, 광화학 반응(Photochemical conversion)으로 결국 질산(HNO_3)이 된다.

아래의 전환 과정을 제시할 수 있다.

$N_2 + O_2 \rightarrow 2\ NO$

$2\ NO + O_2 \rightarrow 2\ NO_2$

$4\ NO_2 + O2 + 2\ H_2O \rightarrow 4\ HNO_3$

$O_3 + NO_2 \rightarrow NO_3 + O_2$

$NO_2 + NO_3 \rightarrow N_2O_5$

$N_2O_5 + H_2O \rightarrow 2\ HNO_3$

Ph 농도 5.0까지는 오존이 중요한 산화제 역할을 하게 되고, 액화 상태에서는 과산화 수소(H_2O_2)가 산화제가 되어 녹아 있는 SO_2가 황산(H_2SO_4)이 되는데에 가장 중요한 기여를 하게 된다. 이것이 구름 속의 수분, 안개, 그리고 강우의 산성화의 주요한 기제가 된다.[58]

57) Prakash, J., Agrawal, ET.AL. P.5
58) Goncalves C, Santos MAD, Fornaro A, Pedrott JJ (2010) Hydrogen peroxide in the rainwater of Sao Paulo megacity: measurements and controlling factors. J Braz Chem Soc 21:331-339.

2) 산성비의 주요 구성물

다음이 인공적 산성비[59])의 주요 구성 물질이다.

-황산 (H_2SO_4)

-황산암모늄 ($(NH_4)_2SO_4$)

암모니아와 황산이 결합된 것으로 화학적으로 중성인데,

대기중에서는 녹거나 굳어지는 일이 적지만 물이나 토양중에서는

잘 녹고, 빠른 속효성 질소비료로 논이나 밭 어디서나 쓸 수 있으며

기비나 추비로 다 쓸 수 있는 물질이다.

- 황산화 나트륨(NA_2SO_4)

질산(HNO_3)

$Na NO_3$

$Na Cl$

위의 성분 중 황산 (H_2SO_4), 황산암모늄 ($(NH_4)_2SO_4$), 황산화 나트륨(NA_2SO_4)의 비중이 가장 높은 편이다.

제 2절 산성비를 활용한 전기의 생산

1) 일반 소금물과의 비교 1: 성분

여기서 주의 할 점은 소금물의 주요 성분과의 비교이다. 소금물의

---

59) 산업화 공업화로 인한 산업, 가계의 배출로 인한 산성비를 인공적 산성비로 통칭
한다.

주 성분은 CL^-, NA^+, $SO_4{}^{2-}$가 주 성분이고 그 외에 마그네슘, 칼슘 등이 포함되어 잇다. 즉 SO_4가 공통된 요소로 나타난다.

2) 일반 소금물을 활용한 전기의 생산

황산 (H_2SO_4)과 같은 산이 물과 액체 상태로 섞이면, 화학적 이온화(chemical inonization) 발생한다. 이온화는 전기를 띤 전자와 분자들이 particles로 분리되는 것을 말하며, 이 particles로 불리는 것들이 이온(ion)이다. 이 particles들은 음(전자가 많을 때) 또는 양 (전자가 없을 때)으로 전하를 띤다. 물과 황산 용액이 전해액으로 혼합되면, 황산 분자들은 3개의 이온들로 분리된다.[60] 즉, 두 개의 수소 이온(H+ H+)과 한 개의 황산염(Sulfate) 이온으로 나뉜다. 이 상태에서 만일 음과 양의 전하량이 동일하다면, 이온 균형(ion balance)이 이루어진다.

이 전해액에 아연 전극(zinc eletrode)이 잠기면, 황산이 용액에 아연을 녹이면서, 양의 전하를 띤 이온(Zn++)을 만들게 된다.이때 아연 전극은 전해액이 양의 전하를 띠게 될 때, 음의 전하를 갖게 된다. 그래서 균형이 이루어지고, 양의 전하를 가진 이온들이 음의 전하를 띤 아연 전극에 붙는다.

반면, 이 전해액에 구리 전극이 입수되면, 양의 수소 이온들이 구리 전극에 이끌리게 되고, 여기서 수소 이온들은 전자를 얻어서 그들이 갖고 있던 전하가 중립화된다. 이 중립화된 수소 원자들은 수소 가스 원자들이 된다. 수소 가스는 구리 전극 주위에 붙고, 용액에서 거품이 생성되는 것으로 나타난다. 구리 전극은 전자를 잃어버림으로

---

60) Alex Roderick, "Chemical Energy as a Source of Electrical Energy," Technical Article Apr. 23, 2021.

써 양의 전하를 띄게 되고, 균형이 찾아진다.

여기서 구리와 아연 전극 사이에서 전기 생산의 잠재력이 발현되는데, 전기 생산량은 전극에 사용되는 금속에 연동되며, 아연 구리 셀의 경우 대략 1.08 볼트로 알려져 있다. [61)

3) 산성비와 일반 소금물 기반의 전기 생산과의 관계성

산성비의 주요 성분에는 황산 (H_2SO_4), 질산(HNO_3), $(NH_4)_2SO_4$, 황산 나트륨(Na_2SO_4), 질산 나트륨($Na\ NO_3$)이 주 성분으로 들어 있다. 이 점은 다음의 중요한 시사점을 전해 준다.

○ 산성비의 집적지, 즉 호수 못(pond)에서 혹은 강우로 내리는 산성비를 여과하여 전기 생산의 메카니즘을 구현하면, 전기 생산을 이루고, 물은 정수로 바뀌어 생활용수로 활용이 가능해진다.

○ 전기 생산의 메카니즘을 구현키 위한 초기의 전기는 태양열 패널로 공급하는 것을 가정할 수 있다.

○ 황산의 순도를 높이는 방안은 크게 세 가지이다. 1) 대형 산업용 역삼투 정수기를 사용하거나, 2) Ion Exchange로 불리는 방법, 3) 증류(distillation)는 끓이는 방법(boiling)[62)이며, 세 경우 모두 이후의 물은 식수화 되므로, 산성비가 전기 생산과 식수 공급의 이중 목적을 이루게 된다.

○ 전기 생산 대신의 대안적 방안은 농축화된 황산을 지역에서 배터리의 재료화하여 충전 방식의 전원을 만드는 데 활용할 수 있다.

---

61) Alex Roderick, "Chemical Energy as a Source of Electrical Energy," Technical Article Apr. 23, 2021.
62) "Concentrating Sulfric Acid," Amazingrust.com

제 3절 오스모시스(역삼투)법과 Ion Exchange 법

이온 교환법

　이온 교환은 산업, 상업, 축산, 공공 및 시설용으로 물에서 대량의 황산염을 제거하는 데 널리 사용되는 정수 시스템의 방법이다. 이온 교환 공정은 화학 또는 원소를 다른 것으로 교체하는 방식으로 작동하는데, 가장 널리 알려진 이온 교환 시스템 중 하나는 망간 및 칼슘 이온이 있는 물을 나트륨 이온이 채워진 수지로 구성된 탱크를 통과시켜 작동한다. 나트륨 이온은 물에 용해되고 도착하는 미네랄은 수지에 부착되게 된다. 이온 교환 시스템은 황산염을 물에서 제거하는 데도 유사하게 작동하는데, 이 경우엔 다른 종류의 수지를 사용하는데, 황산염 이온 대신 일반적으로 수지에 있는 염화물과 같은 다른 이온으로 교체된다. 수지가 황산염으로 최대 용량에 도달하면 어떤 종류의 소금 용액으로 회복되어야 한다.

증류법

　물에서 황산염을 제거하는 다른 정수 방법은 증류이다. 증류는 물을 끓이고 증기를 냉각하여 다른 용기로 응축되게 한다. 황산염과 다른 용해 된 고체 및 화학물질은 끓는 냄비에 남아 있으며, 완전히 기능하는 경우 증류 시스템은 물에서 황산염을 거의 100% 제거할 수 있다.

역삼투

　역삼투 오스모시스 공정과 공법의 사용은 1970년대로 거슬러 올라가며 미국의 특정 도시들이 음용수(식수)에서 유해한 물질을 제거하기 위해 물 정화방식을 활용한데서 기원하는데, 가정에서 이 프로세스를 탑재한 소형 물 정화 시스템으로 도입하고, 이후에는 상업용으로 사업체와 산업 현장 및 공장을 위해 큰 단위의 시스템이 도입되었다. 역삼투 오스모시스 시스템은 안전성과 고품질의 물 생산 기준에 부합하도록 점차적으로 향상되었고 운영에 필요한 에너지 양이 감소되는 방향으로 발전해 왔다. RO 기술의 이러한 발전의 혜택은 원치 않는 화학 물질, 독소 및 기타 불순물이 없는 순수하고 음용 가능한 물을 제공하는 데에 초점이 두어져 있고, 이후에는 해수 및 염수(상업 및 산업)부터 나노 필터레이션, 울트라 필터레이션, 막 청소 시스템으로 다양한 기술의 계층을 갖추고 있다. 에너지원을 다양화하면서 역삼투 정수 시설을 결합하는 방식도 이미 상용화되었다.

역삼투법의 원리

여과 증발 시스템은 미처리된 물의 농축 용액에 고압 펌프를 적용하여 작동한다. 이 물은 해수, 염수 또는 수돗물과 같은 형태일 수 있는데, 시스템은 물을 반투과성 막을 통과시켜 거의 모든 용해 염 및 기타 물질을 걸러낸 후. 여과 증발 시스템을 사용하여 정화하려는 물의 종류에 따라 어떤 펌프를 사용해야 하는지를 결정한다. 해수는 총 용해 고체(TDS) 함량이 높기 때문에 염수 또는 수돗물보다 크고 높은 압력 펌프가 필요하고, 여과 증발 시스템을 사용할 때 막의 오염 및 조기 고장을 방지하기 위해 전처리가 필요하다. 이러한 역삼투 막의 저하는 실리카, 철, 망간, 탄산 칼슘, 유기물, 그리고 탄산 마그네슘과 같은 오염물의 축적으로 인해 발생할 수 있다.

제 4절 전기 생산 메카니즘 이외의 황산의 활용

최근 우리는 리튬 배터리에 익숙해 져 있는 것이 사실이다. 그러나, 모든 배터리를 리튬으로 사용하지 않는 것이 통상적이라면, 농축화된 황산은 지역에서 배터리의 재료화 되어 충전 방식의 전원을 만드는 데 활용 가능하다.

1. 예시적인 산성물의 규격

(1) 역삼투 방식의 규모

활용되는 전기량에 의해 규모는 가변적이다. 만일 지역 즉 동네 규모로 태양열을 활용한다고 하면 비교적 소규모 커뮤니티용으로 구성이 가능하고, 지방 정부의 지원[63] 등으로 전기를 비교적 저렴하게 구매 할 수 있다면 보다 큰 규모의 역삼투 정수 시설을 구성할 수 있다.

(2) 역삼투 정수 시설의 원리

---

63) Field CB, Barros V, Stocker TF, Dahe Q. Managing the risks of extreme events and disasters to advance climate change adaptation: special report of the intergovernmental panel on climate change. Cambridge: Cambridge University Press; 2012. Book Google Scholar
Maier G, Grundstein A, Jang W, Li C, Naeher L, Sheppard M. Assessing the performance of a vulnerability index during oppressive heat across Georgia, United States. Am M. 2014:253-63.

산업용 역삼투 정수시설은 대량의 물을 여과하고 정수하는 시설로서, 일반 가정용 정수기와는 규모와 기술적인 면에서 차이가 있다. 이러한 시설의 원리는 다음과 같다:

선처리: 산업용 역삼투 정수시설에서는 일반적으로 물의 선처리가 필요하며, 이는 물에서 먼지, 부유물, 석회, 미생물 등의 불순물을 제거하기 위한 과정입니다. 선처리에는 거친 여과, 액화 또는 증발 등의 방법이 사용될 수 있다.

역삼투 과정: 역삼투 과정은 산업용 역삼투 정수시설에서 가장 중요한 부분으로 이 과정에서는 물을 압력을 이용하여 반투과성 멤브레인을 통과시켜 대부분의 불순물을 제거한다. 역삼투 과정에서는 고압 펌프가 사용되며, 불순물은 멤브레인을 통과하지 못하고 거절되어 배출된다.

후처리: 역삼투 과정을 거친 물은 여전히 일부 불순물이 남아있을 수 있다. 따라서 후처리 단계에서는 활성탄 필터, 이온교환 장치, UV 살균 등의 기술을 사용하여 미세한 불순물이나 미생물을 제거하고 물의 품질을 높이게 된다.

저장 및 유통: 처리된 물은 적절한 용기나 탱크에 저장되며, 필요에 따라 배관 네트워크를 통해 산업용 시설에 공급된다. 또한, 일정량의 물을 생산하여 필요한 경우에 수송할 수 있는 시스템이 구축될 수 있다.

산업용 역삼투 정수시설은 대량의 물을 효율적으로 정수하여 공급하기 위해 고급 기술과 첨단 장비가 사용되게 된다.

(3) 역삼투 정수 시설로부터의 황산 회수

역삼투 정수 시설로부터의 황산 회수는 황산을 포함한 폐수를 처리하고 회수하는 과정을 의미하는데, 일반적으로 역삼투 정수 시설에서 발생하는 폐수는 여러 가지 불순물과 함께 황산을 포함할 수 있고, 이러한 황산을 회수하여 재활용하거나 안전하게 처리함으로써 환경 오염을 줄이고 자원을 보존할 수 있다.

황산 회수의 과정은 다음과 같다:

폐수 수집: 역삼투 정수 시설에서 발생하는 폐수는 먼저 수집되어야 한다. 이 폐수는 일반적으로 여러 단계의 처리를 거친 후 발생하므로 적절한 수집 시스템이 필요하다.

황산 분리: 수집된 폐수는 황산을 분리하기 위해 적절한 공정을 거치며, 이러한 공정은 황산을 다른 물질로부터 분리하고 순수한 황산을 회수하기 위한 것이다.

회수 및 정제: 분리된 황산은 회수되어 재활용할 수 있도록 정제되거나 안전하게 처리되는데, 이 과정에서는 필요한 경우 중금속 등의 불순물도 제거될 수 있다.

재활용 또는 안전 처리: 회수된 황산은 재활용되거나 안전하게 처리되어야 한다. 재활용된 황산은 다양한 산업 공정에서 다시 사용될 수 있으며, 안전 처리된 황산은 환경에 미치는 영향을 최소화하기 위해 적절한 방법으로 처분된다.

이러한 과정을 통해 역삼투 정수 시설로부터 발생하는 황산을 회수하여 자원을 보존하고 환경을 보호할 수 있다.

(4) 지역형 전기 생산 /충전 시설 제안

커뮤니티에 일정규모의 담수(빗물, 하천, 강물, 호수 포함) 수용시설을 구축한 후, 지역에서 충전/ 발전 시설을 구축할 수 있다.

○ 담수 시설 확보
○ 역삼투 정수 시설 용량 결정 및 설치
○ 황산 추출
○ 육상형 충전 시설 구축

재료 준비: 건전지 제작에 필요한 재료로 황산, 아연, 마그네슘, 그리고 그에 따른 전해질 등이 사용된다.

음극과 양극 제조: 건전지의 양극(양극지)과 음극(음극지)을 만든다. 일반적으로 음극은 아연으로 만들어지고, 양극은 황산으로 만들어진다. 이때 황산은 일정한 농도와 형태로 사용된다.

셀 조립: 양극과 음극을 적절한 전해질로 구분하여 셀을 조립한다. 전해질은 일반적으로 황산 수용액이 사용된다.

배출: 건전지를 사용할 수 있도록 외부에 배출한다. 이 단계에서 건전지가 제작된 상태에서 사용 가능한 형태로 완성된다.

이러한 과정을 거쳐 황산을 사용하여 건전지를 만들 수 있다. 재활용 가능한 재료를 분리하여 재활용 공정을 도입하고, 황산을 보충하여 반영구적으로 활용 가능한 시설로 활용할 수 있다.

○ 소규모 발전 시설 구축 (빗물 활용)
  - 빗물 포집 시설
  - 수조 건설
  - 전기 생산
  - 전기 소모량 점검 (조)

(5) 육상형 충전 시설 및 산성비 활용 전기 생산의 의미

본고에서 제시하고 있는 육상형 충전 시설은 소규모 지역형으로 시작하는 것을 염두에 두고 있으며, 산성비의 여과를 통해 전기를 생산하고, 여과된 황산은 충전형 시설에 활용하는 이중의 재활용을 고려하고 있다. 구체적인 용액 간 배합 비율은 별도의 원고로 미루며64), 그 동안 아무렇지 않게 흘려 보내던 빗물 특히 산성비가 자원으로서의 가치를 가진다는 점이 가장 큰 의의가 될 것이다.

---

64) 용액간 배합비 자료도 준비되었으나, 원고의 연결 상 다른 원고로 남긴다.

제5장 국가별 기후 변화 및 산성비 개관

제1절 국가별 기후변화 적응 및 산성비 개관

(1) 캐나다

캐나다는 기후 오염의 세계적 주요 배출국 중 하나로, 주요 산업화된 국가 중에서는 인구 1인당 배출량이 높은 몇 나라 중 하나인데, 기후변화로 인하여 극단적인 상황이 더 많아지고, 추위가 줄어들고, 더 많은 폭우와 홍수[65], 가뭄 및 산불이 발생할 가능성이 높아질 것으로 예견되며, 기후 변화가 캐나다인들의 건강 및 건축 및 자연 환경에 미치는 영향은 앞으로도 계속되고 증가할 것으로 예상된다.

캐나다의 온도 변화 양상

캐나다의 연평균 기온은 1948년부터 2016년까지 1.7°C 상승하여, 글로벌 평균 상승률의 두 배에 달하는데, 특히 북쪽에서는 상승이 더욱 강력하게 나타나서 북부 캐나다(위도 60도 이상)의 연평균 기온은 이 기간 동안 2.3°C 상승하여, 지구 평균 상승률의 세 배를 기록하였다. 미래의 기온 변화는 주로 배출된 온실 가스의 양에 따라 결정될 것으로 볼 수 있다. 캐나다의 평균 연간 기온은 최근과 비교

---

65) Nayak SG, Shrestha S, Kinney PL, Ross Z, Sheridan SC, Pantea CI, et al. Development of a heat vulnerability index for New York State. Public Health. 2018;161:127-37.
Veenema TG, Thornton CP, Lavin RP, Bender AK, Seal S, Corley A. Climate change-related water disasters' impact on population health. J Nurs Scholarsh. 2017;49(6):625-34.

하여 세기말까지 1.8°C에서 6.3°C 상승할 것으로 예상되는데, 특히 북부 캐나다 지역은 겨울철을 중심으로 캐나다의 나머지 부분보다 강력한 온난화를 지속할 것으로 예견되고 있다.

기온 변화의 영향

상승하는 평균기온은 캐나다인들의 삶에 큰 영향을 미칠 것으로 판단되는데,. 예를 들어, 더 길고 강한 폭염은 노인 및 건강면에서 취약한 인구층에게 열 질환과 사망 증가로 이어지고[66], 길어진 폭염은 여름철 전기 사용량 증가와 음식 및 물의 오염 위험 증가의 원인이 될 것이다. 또한 높아진 온도는 산림 및 농업 해충 및 질병 벡터(진드기와 같은)의 확산을 일으키고, 가뭄과 산불의 위험도돈 증대시키게 된다. 사회 인프라 면에서는 예측할 수 없는 해빙 상태로 인한 안전 우려, 영구 빙하와 눈의 해동으로 인한 인프라 손상, 그리고 겨울 도로 계절의 단축이 영향을 받을 현상의 예시에 포함되게 된다.[67]

기온 변화에 대한 적응

캐나다 경제의 대부분 부문은 기온 변화에 민감하며 적응이 필요할 것인데, 보건 당국은 폭염 기간 동안의 열 경보 및 대응 시스템에 관심을 갖게 되고, 공중 보건 관리자는 캐나다에서 나타나고 있는 라

---

66) Auger N, Fraser WD, Smargiassi A, Kosatsky T. Ambient heat and sudden infant death : a case-crossover study spanning 30 years in Montreal, Canada. Environ Health Perspect. 2015;712(7):712-6.
Auger N, Fraser WD, Smargiassi A, Bilodeau-Bertrand M, Kosatsky T. Elevated outdoor temperatures and risk of stillbirth. Int J Epidemiol. 2017;46(1):200-8.
67) Canadian Forest Service of Natural Resources Canada. Customized spatial climate data files prepared for the Canadian Urban Environmental Health Research Consortium (CANUE). 2017.

임병을 포함한 질병에 대한 감시 및 통제 방법을 개발하고 있으며, 도시를 시원하게 하기 위해 나무를 늘리는 방안도 추진중에 있다.[68]

에너지

에너지 부문에서의 적응에는 미래 전기 소비를 줄이기 위해 에너지 효율을 촉진하는 프로그램 및 표준, 그리고 그늘막과 증진된 자연 환기와 같은 에너지 절약 관행이 준비되어야 하며, 농업 부문에서는 상승된 기온에 대한 적응이 요청되는데, 높은 온도에 대한 적응은 새로운 작물 도입, 파종 시기 변경, 재배 기간 연장과 수자원 관리 관행 개선이 포함된다. 축산 질병 및 해충에 대한 강화된 모니터링 및 감시도 조기 발견과 치료를 허용하는 적응의 한 예로 나타난다.[69]

캐나다의 강수 변화 양상

1948년부터 2012년까지 캐나다의 연간 평균 강수량이 증가했고, 특히 북쪽 캐나다에서는 강수량이 상대적으로 많이 증가했으며, 동부

---

68) Stewart RE, Betancourt D, Harford D, Klein Y, Lannigan R, Mortsch L, et al. A multi-perspective examination of heat waves affecting metro Vancouver: now into the future. Nat Hazards. 2017;87(2):791 -815.

69) BC Auditor General. Managing climate change risks: An independent audit. 2018;(February).British Columbia Ministry of Environment. Indicators of Climate Change for British Columbia: 2016 Update. 2015.
The Canadian Press. Month of May warmest and driest on record in Vancouver. CBC News. 2018.
City of Vancouver. Separate Sewage from Rainwater. City of Vancouver. 2016.
Climate Central. Surging Seas Seeing Choices Available from: https://seeing.climatecentral.org/#11/49.1343/-123.0311?show=lock inAnimated&level=2&unit=feet&pois=hide

매니토바, 서부 및 남부 온타리오, 그리고 대서양쪽 캐나다의 일부 지역에서도 상당한 강수량 증가가 관측되었다.[70)]

캐나다의 미래 시점의 강수량은 단기적으로는 모든 계절에서 약간씩의 강수량 증가가 예측되며, 북동쪽 캐나다에서는 보다 더 큰 증가가 예측되는데, 여기에 영향을 주는 주 변인으로는 21세기 후반의 배출 시나리오가 지목받고 있다. 낮은 수준의 배출 시나리오에서는 강수량이 약간 증가할 것으로 예측된다.

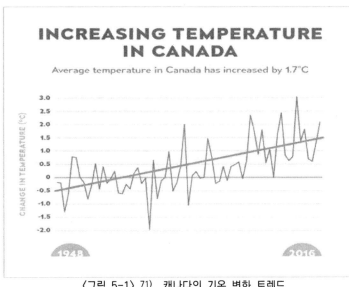

〈그림 5-1〉 [71)] 캐나다의 기온 변화 트렌드

70) UK Aid - Department for International Development. Defining Disaster Resilience: A DFID Approach Paper. 2011.
My Community MH. Transportation and Health in Metro Vancouver Available from: https://www.myhealthmycommunity. org/Results/RegionalReports.aspx
71) Trend in annual Canadian temperature is from Canadian Gridded Temperature and Precipitation Anomalies (CANGRD) from 1948 to 2016.

반면, 높은 수준의 배출 시나리오에서는 연간 및 겨울 강수량이 크게 증가할 것으로 예측되는데, 특이하게도 캐나다 남부의 지역들에서 여름 강수량이 약간 감소할 것으로 예측되는 특이성도 예견되고 있다.

강수량 변화에 의한 영향

강수량 변화와 온도 변화는 더 빈발적인 심각한 홍수와 가뭄을 포함한 여러 기상 재해를 초래할 수 있다. 즉 집중 호우, 강설, 새로운 폭풍 패턴 등이 나타날 수 있고, 홍수 발생이 교통 네트워크에 영향을 미치고 접근과 공급 체인을 방해하며 물을 포함한 인프라를 오염시키고, 파괴하여 삶과 생계에 심각한 지역적 영향을 미칠 수 있다.

강한 가뭄도 물의 수량 및 수질을 감소시킬 것이다. 가뭄은 음료수, 수 관련 활동 및 관광을 위한 고품질 물에 대한 수요 및 경쟁 증가로 이어질 수 있다. 가뭄은 농업, 생태계 및 야생동물에도 직접적인 영향을 미친다. 일부 식물은 수분의 변화에 매우 민감하여 강수량의 패턴과 양의 변화는 시간이 지남에 따라 생태계에서 큰 변화를 일으킬 수 있다.[72]

강수량 변화에 대한 적응

지방 자치 단체는 극한 기상 현상의 빈도 및 강도 변화에 대비하여

---

72) DMTI Spatial Inc. CanMap Postal Code Suite v2015.3. Markham: Canadian Urban Environmental Health Research Consortium (CANUE); 2015.
Henderson SB, Wan V, Kosatsky T. Differences in heat-related mortality across four ecological regions with diverse urban, rural, and remote populations in British Columbia, Canada. Heal Place. 2013;23:48-53.

인프라를 개선하고, 지역 사회는 새로운 기술 및 물 관리 방법, 예를 들어 습지와 같은 자연 배수 시스템을 개선하여 가뭄의 가능성에 대비할 수 있는데, 결국 지역 사회, 정부, 산업 및 연구자 간의 협력이 필요로 함을 시사한다.

캐나다의 적설 변화 양상

캐나다 대부분 지역에서 1981년부터 2015년까지 계절별 눈 덮인 날 수가 5%에서 10%씩 감소했다. 이러한 감소는 캐나다 대부분 지역에서 나타난 기온 상승의 결과로 가을에 눈 내림이 늦어지고 봄에는 이른 녹음으로 인한 것이다. 이러한 기온 상승은 계속되고, 가을과 봄에 캐나다 전역에서 눈 덮인 기간이 감소할 것으로 예상되는 바, 감소하는 눈의 물 등가량을 가진 지역에는 Maritimes, 남부 온타리오 및 북부 캐나다가 포함되어 있고, 일부 지역에서는 눈의 물 등가량이 증가했는데, 이는 남부 서스캐처원, 앨버타 일부 지역 및 브리티시컬럼비아의 일부 지역을 포함한다.

미래에는 남부 캐나다 전역에서 눈의 물 등가량이 크게 감소할 것으로 예상되며, 2050년까지 10년에 5%에서 10%씩 감소할 것으로 예상되는 가능성이 있다.

눈의 변화의 영향

북쪽 캐나다에서는 겨울 눈 상태의 변화는 야생동물 서식지, 지상 이동 및 식량 자원 접근, 사냥, 덫 설정 및 수확과 같은 전통적인 활동에 영향을 주고, 문화 손실, 정신 건강 영향 및 식량 불안전성으로

이어질 수 있다.[73]

캐나다의 계절적인 눈 적산 패턴의 변화는 인프라에 대한 위험도 증가시키며, 눈의 물 등가량이 크게 감소하는 캐나다의 지역은 물 공급량 감소에 따라 농업 생산과 산불 위험 증가에 영향을 미칠 수 있다. 스키 및 스노모빌링과 같은 겨울 레크리에이션 산업은 눈의 축적과 기온의 상승으로 인해 직접적인 피해를 입을 수 있다.[74]

(2) 인디아(India)

인도의 경우 세계 인구의 거의 20%가 살고 있으며, 인프라와 에너지 시스템을 변화시켜 열 포획 배출을 대규모로 줄이기 위해 노력하고 있으나, 현실적인 제약의 벽이 높아 이상과 현실간 차이를 극명하게 보여 주고 있다.

인도는 중국과 미국에 이어 세 번째로 큰 온실가스 배출국이고, 각각 2060년과 2050년까지 순배출 제로를 달성하겠다는 과감한 계획을 제시한 이후, 인도는 글로벌 청정 에너지 전환의 출발 시점에 와 있다.

석탄 생산

세계 각국이 탄소 배출을 줄이겠다고 약속한 2015년 파리 협정의 내용에도 불구하고 인도는 석탄 사용을 지속하게 되는데, 이는 주로

---

73) Ford, J. D., & Smit, B. (2004). A framework for assessing the vulnerability of communities in the Canadian Arctic to risks associated with climate change. *Arctic*, 57(4), 389-400.
74) Northwest Hydraulic Consultants. CITY OF VANCOUVER COASTAL FLOOD RISK ASSESSMENT. Vancouver; 2014.

중국과 인도의 석탄 배출량이 최근 탄소 배출량의 가장 큰 원인이었으며 2021년 전체 탄소 배출량의 40%를 차지한다는 점을 고려할 때, 기후변화 대응면에서의 현실적인 벽 중 하나가 된다.[75] 인도의 경우, 에너지 공급의 중심인 화력 발전소(석탄, 석유 및 가스)는 국가 전체 설치 전력 의 56%(239GW)를 공급하여 에너지원으로서의 석탄은 인도 에너지 안보에 있어 중요하고, 해외 의존을 줄이기 위해 인도는 공격적으로 탄광을 확장해 왔다.[76] 석탄부 장관에 따르면, 석탄 부처는 석탄 광산 경매 7차례를 완료하고, 현재 2차례가 진행 중임을 보고했는데, 이 경매에서 총 91개 광산이 성공적으로 경매되어, 연간 최대 채굴량으로 약 2억 2천1백만 톤을 확보케 되었다.

NDC(국가별 결정 기여)에 의해 2015년 파리 협정에 따라 각 국가가 내국의 배출량 감소 및 기후 변화 영향에 대한 대응 전략을 수립해야 하는 의무를 가지고 있다. 이러한 약속들은 국가별 결정 기여로 NDC는 매 다섯 년마다 제출되며 연이은 NDC는 이전 것보다 더 발전적이어야 하는데, 이를 '라쳇 메커니즘'이라고 한다. 이러한 국가별 목표들은 기후 변화의 심각성과 영향을 줄이기 위한 협조된 범국가적, 국제적 노력을 반영토록 하고 있다.

2022년에 업데이트된 국가 결정 기여(Nationally Determined Contributions: NDC)에서 인도는 세 가지 주요 약속을 하였는데,

---

75) 2024년 2월 인도네시아 정부도 자국의 청정 에너지원에 석탄을 포함시켜 논란이 되고 있다.

76) 인도의 석탄 장관은 2023년 8월 의회에 보낸 서면 답변서에서 "지난 몇 년간 석탄 생산량이 크게 증가하였다"고 밝혔다 . 2013년부터 2014년까지 인도의 석탄 생산량은 5억 6,500만 톤이었고, 2022년부터 2023년까지 이는 58% 증가한 8억 9,300만 톤이었다.

이중에는 2030년까지 2005년 수준을 기준으로 탄소 배출 강도(전력 단위당 CO_2 배출량)를 45% 감소시키고, 2030년까지 설치된 전기의 50%를 비화석연료 공급원에서 얻는 것을 포함하고 있다.

2070년까지 국가 탄소 중립화의 목표

같은 시기에 COP28에서 인도 정부는 UN기후변화협약(UNFCCC)에 세번째 '국가 커뮤니케이션'을 제출했는데, 여기서 인도의 국가적 정책 방향성은 "인도의 배출량은 증가하는 에너지 수요와 전반적인 개발에 맞춰 증가할 가능성이 높으며, 결국 2070년에 순배출 제로 목표에 도달할 것이다."로 제시되었다. 그러나 전술한 바와 같이 2022년 기준 인도 CO_2 배출량의 65%는 석탄에서 발생하며, 인도의 탄광 및 발전소의 급속한 확장으로 인해 인도의 기후 목표를 달성하는 것은 현실과 정책적 이상치간의 큰 격차로 귀결될 가능성을 남겨두고 있다.

실제로 인도의 2023년 국가 전력 계획에 따르면, 2026~2027년 인도의 국내 석탄 수요는 약 8억 6,640만 톤으로 추산되며, 2031~2032년에는 10억 2,500만 톤으로 증가할 것으로 예상되고, 인도 석탄 장관은 의회에서 국내 석탄 생산량이 매년 6~7%씩 증가하여 2029~2030년까지 약 15억 톤에 이를 것으로 예상한다고 밝히기도 하였다.

인도에서의 산림과 숲

전 인도 산림청장을 역임한 쿠마르(Kumar)에 따르면, 인도가 2030년과 2070년 기후 목표를 달성하겠다는 인도의 접근 방식은 에너지 수요와 기후 변화 사이의 복잡한 균형에 대한 전략적 적응하는 절충안이며, 국가가 광범위한 부문과 청정 에너지 기술에 걸쳐 재생 가능 에너지원과 에너지 효율 조치를 적극적으로 추구하는 것이며, 인도는 지난 수십 년 동안 숲과 나무 면적을 지속적으로 늘림으로써 "경제적 필요와 환경적 책임의 균형을 맞추었다". 고 주장하였다.

새로운 법안과 인도의 히말라야 숲

이러한 비교적 공식적인 전 고위직 인사의 발언에도 불구하고, 인도에서 산림을 측정하는 방법을 자세히 살펴보면 많은 문제가 있는데, 예를 들어, 농장은 숲으로 분류되는데, 연구자들은 이것이 기후목표 준수를 달성하기 위해 만들어진 허점이라고 비판하고 있고, 특히 2023년 7월 인도가 탄광 개발을 포함한 산림 개간을 더 쉽게 만드는 새로운 법안을 통과시킨 점도 전술한 기후변화 대응의 효과성에 대한 제약으로 작용한다는 점을 지적할 수 있다.[77] 그리하여 웨스트 벵갈주와 같은 곳에서는 환경 보호에 대한 약한 규제와 집행 메커니즘으로 인해 삼림 벌채가 계속 빠르게 진행되고 있는 것으로 나타나고 있다.[78]

77) Gupta, A. K., Negi, M., Nandy, S., Alatalo, J. M., Singh, V., & Pandey, R. (2019). Assessing the vulnerability of socio-environmental systems to climate change along an altitude gradient in the Indian Himalayas. *Ecological Indicators*, 106, 105512.
78) Babel, M. S., Deb, P., & Soni, P. (2019). Performance evaluation of aqua crop and DSSAT-CERES for maize under different irrigation and manure application rates in the Himalayan region of India. *Agricultural Research*, 8(2), 207-217.

화석연료의 필요성

COP28 성명에서 기후 변화부 장관은 인도가 온실 가스 배출 강도를 "2005년부터 2019년 사이에 GDP 대비 33%" 성공적으로 줄였고 "비화석 발전을 통해 설치된 발전 용량의 40%를 달성함으로써 NDC를 성공적으로 이행하고 있다고 제시하였으나, 이것이 반드시 인도가 탄소 중립이라는 2070년 목표를 달성하는 본 궤도에 올라 있다는 것을 의미하지는 않는다는 견해들이 있다. 일례로 환경 싱크탱크인 Ember의 보고서에 따르면 , 인도는 2015년부터 2022년 사이에 1인당 석탄 발전 배출량이 증가한 6개 G20 국가(세계 20대 경제국) 중 하나이며, 7년 만에 29% 증가를 나타냈고, 중국과 마찬가지로 인도도 최근 몇 년간 대규모 재생 에너지 확장을 능가하는 빠른 전력 수요 증가를 나타내고 있다는 것이다. 이러한 증가에도 불구하고 Climate Tracker 2022 보고서에 따르면 인도의 1인당 배출량은 G20 국가 중 가장 낮았으며 전체 G20 국가 평균의 3분의 1 미만이라는 점도 주의할 대목인 점이다.

인도 세계자원연구소(World Resources Institute India)의 에너지 프로그램을 총괄하는 바라트 자이라즈(Bharath Jairaj)는 "순 제로를 향한 과정에는 복잡한 문제가 있을 것이지만 인도 정부와 민간 부문은 배출량을 줄이기 위해 새로운 기술과 정책을 적극적으로 채택하고 있다"고 제시하는데, 구체적인 산업의 예를 보면, 인도 철강 산업의 최근 배출량 감소 성공을 강조하면서 2070년 목표를 발표한 이후 철강 산업은 더 많은 철강을 생산할 뿐만 아니라 배출량 감소 전략을 운영에 통합하고 있다.[79]

---

79) Alwang, J., Siegel, P. B., &Jorgensen, S. L. Vulnerability: A view from

이러한 경험 데이터에 근거한 밝은 면 뒤에는 항상 부정적인 데이터가 존재하여, 에너지 경제 및 금융 분석 연구소(IEEFA)의 2023년 9월 분석 에 따르면 인도 전체 CO_2 배출량의 12%를 차지하는 인도의 제철소에서 탄소 집약도는 조강 1톤당 CO_2 2.55톤으로 나타났고 (tCO_2/tcs), 이는 세계 평균인 $1.85tCO_2/tcs$보다 훨씬 높으며, 인도 철강의 CO_2 배출량이 "2030년까지 기하급수적으로 두 배로 증가할 것"이라고 예측되는 부정적인 면이 있는데, 인도에서 선진적인 제강 기술을 도입할 가능성이 현재로선 높지 않다는 점이다. 녹색 수소 기술은 현재 철강 제조의 탄소 집약도를 줄이는 신뢰할 수 있는 방법으로 간주되지만 비용이 많이 들기 때문에 2050년 이전에는 인도에서 이 방식을 사용할 가능성이 낮다는 분석이 나와 있다.[80]

물 부족

최근 인도 펀자브와 서부 우타르 프라데시에서 실시된 선거에서 지하수 관개를 위한 무료 전기는 모든 정당의 주요 약속이었는데, 이렇게 지하수 추출을 더 활성화하는 것은 중장기적으로 더 큰 문제에 직면케 하고 있다.

하리아나의 이웃 지역뿐만 아니라 우타르 프라데시와 비하르의 나머지 부분에서도 같은 양상이 나타나는데, 이는 이네르가 강과 강가 유역의 대부분을 차지하며 인도에서 가장 인구 밀집도가 높고 중요한 농업 지역을 형성하는 네 개의 주임에 주목할 필요가 있다.

---

different disciplines, Social Protection Discussion Papers and Notes 23304, The World Bank. https://ideas.repec.org/p/wbk/hdnspu/23304.html

80) Ali, A., & Erenstein, O. (2017). Assessing farmer use of climate change adaptation practices and impacts on food security and poverty in Pakistan. *Climate Risk Management*, 16, 183-194.

'펀자브'는 말 그대로 다섯 개의 강을 의미하는데, 펀자브 대부분 지역에서 지하수가 과다 적출되고 있어, 이들 지역은 빠르게 말라가고 있다.[81]. 펀자브 농업 대학 (PAU)의 연구에 따르면 1998년부터 2018년까지 매년 해당 주의 22개 지구 중 18개에서 지하수 수위가 1m 이상 감소했으며, PAU 연구는 작물 재배 패턴 및 강도의 변화, 관정(튜브웰) 증가, 그리고 운하 물 공급 감소가 지하수 고갈의 주요 원인으로 언급되고 있다. [82]

이 연구에 따르면, 1970-71년에는 펀자브에 19만 2천 개의 관정 (Tube Well 튜브웰)이 있었으며, 2011-12년에는 이 수치가 138만 개로 증가했는데, 지난 60년 동안 운하에 의해 관개된 지역은 58.4%에서 28%로 감소했으며, 관정(튜브웰)에 의해 관개된 지역은 41.1%에서 71.3%로 증가하였다. 특히 소규모 농업인들은 운하에서 공급되는 물로 자신들의 수요를 충족시키기 위한 관정을 찾고 있다. PAU의 토양 및 수자원 공학부의 연구원인 라잔 아가르왈은 지하수를 적출하고 지하수에서 물을 얻는 것의 한계성을 제시하였는데[83], 이는 흔히 사회과학 영역에서 일컬어지는 공유의 비극(Tradgey of the Commons)[84]에 해당되는 경우라 할 수 있다.

---

81) 인도의 수자원 장관인 비슈웨스와르 투두는 의회에게 펀자브의 블록 중 78.9%가 '과다 적출'로 분류되었다고 밝혔습니다

82) Ahmadi, S., Ghanbari Movahed, R., Gholamrezaie, S., & Rahimian, M. (2022). Assessing the vulnerability of rural households to floods at Pol-e Dokhtar region in Iran. *Sustainability*, 14(2), 762.

83) Hussain, S. S., & Mudasser, M. (2007). Prospects for wheat production under changing climate in mountain areas of Pakistan —An econometric analysis. *Agricultural Systems*, 94(2), 494-501.

84) Elinor Ostrom Tradgedy of the Commons

하리아나의 '어두운 상황'

2020년에 하리아나 수자원 관리 기관 (HWRA)이 처음으로 실시한 지하수에 관한 마을 수준 조사에 따르면 주 내의 마을 중 25.9%인 6,885개 중 1,780개가 '심각하게 지하수 스트레스'를 겪고 있다고 보고했는데, 지하수 감소로 인해 향후 세대가 겪을 어려움에 대하여 대략 3가지의 가능성이 존재한다. 첫째는 파디와 사탕수수와 같은 물질이 많이 필요한 작물의 증가이다. 지하수 사용량은 이러한 작물을 관개하는 데 필요하며 농부들은 우리가 제공한 운하 관개수 대신 광범위하게 지하수를 적출하고 있다. 두 번째 이유는 주 내의 산업이 [시장] 공급이나 운하 물 대신 지하수를 사용하고 있다는 것이고, 세 번째 주요 이유는 기후 변화로 강우 패턴이 대대적으로 바뀌었다. 강한 비가 짧은 기간에 발생하고, 이로 인해 지하에 침투되는 물이 충분히 충전되지 않는 데서 연유하는 어려움이다. 강한 비가 내릴 때 물은 땅을 통과하여 지하로 잘 스며들지 않기 때문이다.

우타르 프라데시의 지하수 감소

2020년 3월 기준으로 우타르 프라데시의 822개 블록 중 70%와 도시 지역의 80%가 2021년 지하수 상태 보고서에 따르면 지하수 수위가 급격히 감소하고 있으며, 도시화로 인해 지하수 수련지를 충전할 여지가 없이 사람들이 물을 낭비하고 있다. 관개 부문은 지하수의 92%를 사용하고 있는데, 기술 향상으로 인해 사람들은 표면수 대신 지하수를 쉽게 사용하기 시작했기 때문이다." 인도의 비하르 주에서는 주립 공공 보건 공학부의 조사에 따르면 몇 개의 지구에서 지하수 수위가 2~3m 감소한 것으로 나타났고, 38개 지구 중 11개의 지역에서 지하수가 '물 부족'으로 분류되었는데, 지하수의 감소로 인해 비소, 철, 우라늄과 같은 오염물질이 마실 수 있는 음용수에 스며들 가능성이 제기 될 수 있다.

소규모 농부들의 어려움

인도 푸자브 주 호시아르푸르 지구의 착 하리얄 마을의 예로 보면, 어느 농부는 관정의 설치를 위해 32만 루피 [약 4,250 달러]의 대출을 받았으나. 물을 얻지 못하여, 거의 3에이커 [1.2헥타르]의 땅을 소유하고 있지만 농업 생산을 기대키 어려워, 대출 상황의 문제에 직면케 되는 농부들의 예[85]가 존재하며,[86] 현실은 [정부가] 자연 농업, 미세 관개 기술, 운하 관개 시스템을 촉진하거나 적은 물을 필요로 하는 작물에 대한 적정 가격을 고정하지 않았고, 정부는 타 산업이 지하수를 오염시키거나 광산이 자기 이익을 위해 모든 지하수를 채굴하지 못하도록 규제하지도 않았는데, 이는 물의 낭비로 귀결된다는 비판적 시각도 존재하고 있다.[87]

---

85) Datta, S., Tiwari, A. K., & Shylajan, C. (2018). An empirical analysis of nature, magnitude and determinants of farmers' indebtedness in India. *International Journal of Social Economics*, 45(6), 888-908. https://doi.org/10.1108/IJSE-11-2016-0319

86) 판자브 대학의 전 경제학 교수인 지안 싱은 농업이 꾸준한 혁신을 필요로 한다고 말했습니다. "그러나 우리는 60년 동안 동일한 농업 관행을 사용하고 있다." "녹색 혁명 [현대 기술과 관행의 채택]은 1960년대에 필요했지만 지금은 농산물이 과잉 생산되고 있다." 라고 주장하는 학자들도 있음.

87) Bueno, P. B., & Soto, D. (2017). *Adaptation strategies of the aquaculture sector to the impacts of climate change 12* (p. 99). FAO.

인도에서 기후변화로 인한 영향과 식량 안보에 대한 효과

기온의 상승으로 남아시아의 식량 및 특작농작물 생산량은 감소할 것으로 예상되며, 이는 해당 지역의 식량 안보의 이슈가 발생할 것임을 의미할 것이다. 14억 명이 거주하는 인도는 글로벌 헝거 지수에서 116개 국가 중 101위에 해당하여 심각한 문제가 있음을 나타낸 바 있으며, 평균 기온이 2.5~4.9도 증가할 경우 밀 생산량이 41%~52%, 쌀 생산량이 32%~40% 감소할 것으로 예측되었고, 국제옥수수밀수센터 (CIMMYT)의 아시아 대표인 아룬 조시는 기후 변화가 기온을 높이는 동안 계절 강우 감소와 극심한 강우 사건 증가로 물 공급에도 영향을 미친다고 제시하여 물 부족이 심화되는 과정을 겪을 것임을 시사하고 있다.[88] 즉, 글로벌 옥수수 수확량은 2030년까지 24% 감소할 것으로 예상되고 있고, 사탕수수와 쌀과 같은 작물의 수확량도 감소할 것으로 예상된다는 점이다.

기후 변화 관련해서는 쌀 벼농사는 메탄, 온실가스 중 하나의 주요 배출원 중 하나이며[89], 여러 전략을 통해 쌀 농작물에서 메탄 배출과 작물 재배에 사용되는 물량을 제한하고 있다. 메탄 배출의 주요 원인은 풍화된 비료와 침수된 쌀 재배에서의 작물 잔해이고, 질소 비료의 비효율적인 사용[90]은 이산화질소, 강력한 온실 가스를 대기로

---

88) Banerjee, A. V., Banerjee, A., & Duflo, E. (2011). *Poor economics: A radical rethinking of the way to fight global poverty*. New York: Public Affairs. https://doi.org/10.1002/jid.2936

89) Defiesta, G., & Rapera, C. (2014). Measuring adaptive capacity of farmers to climate change and variability: Application of a composite index to an agricultural community in the Philippines. *Journal of Environmental Science and Management*, 17(2), 8-62.

90) 국제미직연구소인 IRRI는 "라이스 크롭 매니저"를 개발하여 올바른 양의 비료를 권장하여 배출량을 줄이고자 하고 있음.

방출하는 것을 촉진한다는 점이다. 91)

영양 감소

글로벌 온난화와 변덕스러운 강우가 곡물의 영양 품질에 미칠 영향에 대한 데이터가 충분치는 않더라도, 전문가들은 대기 중 이산화탄소 (CO_2) 농도의 증가가 곡물의 영양 품질에 부정적인 영향을 미칠 것이라는 점에 동의하고 있다. CO_2 농도에 노출된 밀, 쌀, 옥수수, 완두콩 및 대두 등에서 철, 아연 및 단백질의 농도가 감소하는 것을 보여주는 미국, 일본 및 호주의 실험 결과도 있다. 동 연구는 또한 2050년까지 전 세계에서 약 1억 4천만 명이 아연 결핍에 시달릴 것으로 예상되며, 단백질 결핍이 약 1억 5천만 명에 달할 것으로 제시하고 있다.92)

식량 안보에 대한 과학적 대응

한편 인도에서는 부족한 육류 소비로 인해 기후변화 대응을 위해 고기와 달걀 소비를 포기할 수 없는 실정이며, 결국 정부의 연구 개발 투자로 기후 내성을 갖는 작물을 개발해야 하나, 인도에서 기후 내성 농업에 대한 투자가 감소하면서 차질이 예상된다.93) 인도 정부는 2021-22 예산에서 기후 내성 농업 이니셔티브에 55억 인도 루피 (6,700만 달러)를 지원할 것을 약속했으나, 2022-23에는 40억 87

---

91) (IRRI)의 인도 대표인 Ranjitha Puskur
92) Saeed Akhtar, "Zince Status in South Asian Populations," Journal of Helath, Population, and Nutrition. 31(2) 139-149. 2013.
93) Fahad, S., & Wang, J. (2018). Farmers' risk perception, vulnerability, and adaptation to climate change in rural Pakistan. *Land Use Policy*, 79, 301-309.

만 루피로 감소되었다.

(3) Laos

수자원

2008년 최근 연구 결과에 따르면 2030년까지 전체 메콩 분지의 연간 강수량은 기후 변화의 영향으로 역사적 평균인 1,509 mm에서 1,712 mm로 13.5% 증가할 것으로 보여진다(기후 변화가 수자원 부문에 미치는 영향 보고서, 2009). 가장 큰 변화는 5월부터 9월까지 비가 많이 오는 저수기로 예상되며, 2030년 중간값은 5월에 16 mm에서 9월에 56 mm까지 증가한 월간 강수량을 보여준다. 저수기 월에는 모델화된 강수량의 범위가 크며[94], 어떤 달에서는 최대 27% 감소하고 다른 달에서는 최대 88% 증가할 것으로 예측되고 있다.

에너지 공급원면에서 라오스에서는 수력 발전 산업이 국가 사회경제 발전에 점점 더 중요해지고 있는 상황에서, 수력발전이 갖는 기후 변화 영향에 대한 취약성을 평가하는 것이 중요하며, 라오스의 지형을 반영한 기후 변화 시나리오를 개발하여 수문학적 모델을 사용하여 기후 변화가 강둑 침식, 수력 발전 구조 및 생산에 미치는 영향을 예측하고 적응 전략을 수립할 수 있도록 역량 증진을 하는 것이 미래에 중요할 것으로 보인다.[95]

---

94) Huong, N. T. L., Yao, S., & Fahad, S. (2019). Assessing household livelihood vulnerability to climate change: The case of Northwest Vietnam. *Human and Ecological Risk Assessment: An International Journal*, 25(5), 1157-1175.

특히, 수력 발전 구조물을 위한 계획 및 설계 기준은 기후 변화로 인한 변화에 견딜 수 있도록 견고해야 하며, 기후 변화로 인한 수위 변화에 대비하여 수력 발전 댐 및 저수지를 설계되어야 한다.

농업 및 식량 안보: 장기적인 기후 내성 부문 구축을 목표로

농업 부문의 정책, 전략 및 대책 마련에 있어서도 기후 변화를 주요 고려사항으로 반영하고, 기후 이상 및 기후 변화 문제를 고려한 투자(관개, 농업 자산 및 생산 시스템)의 계획이 요청되는데, 보전 농업(Conservation Agriculture 예: 비경작 농업)을 촉진하여 생산성을 향상시키고 농업 생물질을 활용하여 토양 품질을 회복하는데 소각 대신에 사용하며, 지역 지식을 활용하여 기후 변화에 대한 적응을 위한 적응력이 강한 작물 품종과 병 저항성 작물 품종을 개발하는 등 적절한 식물 종의 개발을 통해 국가 및 지역 수준에서 기후 변화에 적응하는 것을 전문가들은 현 단계에서 우선적으로 할 것으로 제시하고 있다.[96]

물 자원 및 공급 시스템 개선 및 모니터링, 홍수 제어 시스템 복구;

농민을 위한 금융 메카니즘 마련과 역량 개발 강화가 필요한데, 시골 지역의 소규모 농업 개발, 지역사회 기반 적응을 포함하며, 농업 부문의 취약성을 저감하기 위한 완화 옵션 추진 사항들에는 다음의

95) Reid CE, Brauer M, Johnston FH, Jerrett M, Balmes JR, Elliott CT. Critical review of health impacts of wildfire smoke exposure. Environ Health Perspect. 2016;124(9):1334-43.
96) Fahad, S., Alnori, F., Su, F., &Deng, J. (2022). Adoption of green innovation practices in SMEs sector: evidence from an emerging economy. *Economic Research-Ekonomska Istraživanja*, 35(1), 5486-5501. https://doi.org/10.1080/1331677x.2022.2029713

것들이 예시 될 수 있다.[97]

라오스 PDR의 농업 부문에서 주요 온실가스 배출원은 논의 메탄이며, 축산 분변 및 오염물 관리로부터의 메탄과 화학 비료의 과도한 적용으로부터의 질소 산화물이므로, 완화 우선 순위는 다음과 같다.[98]

먼저 논에서의 메탄 배출을 줄이기 위해 수자원 관리, 토양 개량, 유기물 관리, 다양한 경작법, 회전 및 작물 품종 선택 등을 행함으로써 축산 분변으로부터의 메탄 배출을 줄이기 위해 노력해야 하는데, 축산 분변으로부터의 배출을 균형 잡힌 동물 급식, 축사 급식의 질소 함량 감소, 메탄 생산을 위한 혐기성 소화를 통한 청정 에너지원으로서의 메탄 생산, 폐기물 적용(투여 및 주입) 및 가정 기반, 지역사회 기반 및 축사 기반 바이오가스 시설 도입을 통해 저감시키는 것이 추진해야 할 방향성이 된다. 농산물 가공 산업으로부터 발생한 폐수 처리 수단으로서의 바이오가스 소화조를 활용한 전기 및 생물 에탄올 생산 등의 새로운 기술 이전도 필요해 보인다.[99]

---

97) Huong, N. T. L., Bo, Y. S., & Fahad, S. (2017). Farmers' perception, awareness and adaptation to climate change: Evidence from Northwest Vietnam. *International Journal of Climate Change Strategies and Management*, 9, 555-576.

98) Ho, T. D., Kuwornu, J. K., & Tsusaka, T. W. (2022). Factors influencing smallholder rice farmers' vulnerability to climate change and variability in the Mekong Delta region of Vietnam. *The European Journal of Development Research*, 34(1), 272-302

99) Hasan, M. K., & Kumar, L. (2019). Comparison between meteorological data and farmer perceptions of climate change and vulnerability in relation to adaptation. *Journal of Environmental Management*, 237, 54-62.

제 2절 적정 규모의 소규모 커뮤니티 구성[100]

본고에서 산성비의 활용을 고려할 때는 잠정적으로 여러 나라의 상황에 일반적으로 적용 가능한 공통된 세팅을 염두에 두었다. 이런 면에서 산성비의 활용이 초기에는 대도시의 거주 환경보다는 어느 정도 저밀도로 인구가 구성된 반도시 반농의 지역부터 시범적으로 추진해 보는 것을 준거점으로 생각하면서 이 책을 집필해 보았다.

즉, 일정 규모의 수자원 담수를 위한 pool이 있어야 하고, 역삼투 정수 시설이 입지하여야 하며, 회수된 황산을 활용한 재충천 시설도 약간의 거리를 이격하여 설치되어야 한다. 일면 100~300인 커뮤니티를 중심으로 시범 모델을 개발해 보는 것이 표준 모델로 생각되며, 그 이후에 대도시형 모델은 완전히 다른 스케일로 구성되어야 할 것으로 판단된다.

---

100) Lubik A, Kosatsky T. Developing a Municipal Heat Response Plan : A Guide for Medium- sized Municipalities Table of Contents. 2017; Available from:
http://www.bccdc.ca/resource-gallery/Documents/GuidelinesandF orms/Guidelines and Manuals/Health-Environment/Developing a municipal heat response plan.pdf.

제6장 결론

이 책을 통하여 저자는 그동안 수많은 층의 독자들이 그저 피하고 만 싶었던 단어인 산성비가 우리가 반드시 재활용해야 하는 자원임을 제시하고자. 그리고 실질적으로 여러 나라의 환경에 적용될 수 있으리라는 판단에서 이 책을 기획하고 준비하였다.

지난 수십 년간 기후학자들, 대기 과학자들, 환경 정책, 과학기술 정책을 연구하는 학자들에 의해 기후변화, 산성비, 대기질, 최근에는 1.5도씨 시나리오 등 수많은 과학적 정책적 지식이 산출되어 유통되고 있다. 일반인들도 기후변화의 심각성에 대해서는 이전 시기보다 경각심이 커진 것도 사실이다. 그러나, 이제 그 주어진 환경 속에서 개선이 될 요소가 있고, 사회적 경제적 정치적, 산업적 이유로 개선이 더디거나 난망한 상황들이 예측되므로, 이제 무엇을 하고 기후 변화 적응을 할 것인가?의 문제에 직면하여야 하며, 이 책은 산성비의 부문에 관한 한 일부분의 시사점을 던지고자 하였다.

이 책 이후에도 이러한 논의들과 실질적인 산성비의 활용이 국내외적으로 더욱 활성화되기를 기대해 본다.

〈참고문헌〉

Adetona, O., T.E. Reinhardt, J. Domitrovich, G. Broyles, A.M. Adetona, M.T. Kleinman, et al. "Review of the Health Effects of Wildland Fire Smoke on Wildland Firefighters and the Public." *Inhalation Toxicology*28, no. 3 (2016): 95-139.

Agay-Shay, K., A. Peled, A.V. Crespo, C. Peretz, Y. Amitai, S. Linn, et al. "Green Spaces and Adverse Pregnancy Outcomes." *Occupational and Environmental Medicine*71, no. 8 (2014): 562-569.

Ahmadi, S., Ghanbari Movahed, R., Gholamrezaie, S., & Rahimian, M. (2022). Assessing the vulnerability of rural households to floods at Pol-e
Dokhtar region in Iran. *Sustainability,* 14(2), 762.

Alderman, K., L.R. Turner, and S. Tong. "Floods and Human Health: A Systematic Review." *Environmental International*47 (2012): 37-47.

Ali, A., & Erenstein, O. (2017). Assessing farmer use of climate change adaptation practices and impacts on food security and poverty in Pakistan. *Climate Risk Management,* 16, 183-194.

Alwang, J., Siegel, P.B., and Jorgensen, S.L. "Vulnerability: A View from Different Disciplines." Social Protection Discussion Papers and Notes 23304. The World Bank, 2023.

Andrews, Richard N.L. *Managing the Environment, Managing Ourselves: A History of American Environmental Policy.*New Haven: Yale University Press, 1999.

Atkinson, R. "Gas Phase Tropospheric Chemistry of Organic Compounds: A Review." *Atmospheric Environment*24 (1990)

Auffhammer, M., and E.T. Mansur. 2014. "Measuring Climatic Impacts on Energy Consumption: A Review of the Empirical Literature." *Energy Economics* 46: 522-530.

Auger, N., W.D. Fraser, A. Smargiassi, A. Kosatsky, and T. Auger.

"Ambient Heat and Sudden Infant Death: A Case-Crossover Study Spanning 30 Years in Montreal, Canada." *Environmental Health Perspectives*123, no. 7 (2015): 712-716.

Auger, N., W.D. Fraser, A. Smargiassi, M. Bilodeau-Bertrand, and T. Kosatsky. "Elevated Outdoor Temperatures and Risk of Stillbirth." *International Journal of Epidemiology*46, no. 1 (2017): 200-208.

Babel, M. S., Deb, P., & Soni, P. (2019). Performance evaluation of aqua crop and DSSAT-CERES for maize under different irrigation and manure application rates in the Himalayan region of India. *Agricultural Research*, 8(2), 207-217.

Baldwin, R.E., and A. Venables, eds. *Market Integration, Regionalism, and the Global Economy.*Cambridge: Cambridge University Press, 1999.

Bassil, K.L., and D.C. Cole. "Effectiveness of Public Health Interventions in Reducing Morbidity and Mortality During Heat Episodes: A Structured Review." 2010,

Bao, J., X. Li, and C. Yu. "The Construction and Validation of the Heat Vulnerability Index: A Review." 2015, 7220-7234.

Basu, R. "High Ambient Temperature and Mortality: A Review of Epidemiologic Studies from 2001 to 2008." *Environmental Health: A Global Access Science Source*8, no. 1 (2009): 1-13.

Bathi, J.R., and H.S. Das. "Vulnerability of Coastal Communities from Storm Surge and Flood Disasters." 2016.

BC Auditor General. "Managing Climate Change Risks: An Independent Audit." February 2018.

Bell, N., N. Schuurman, and M.V. Hayes. "Towards the Construction of Place-Specific Measures of Deprivation: A Case Study from the Vancouver Metropolitan Area." *Social Science & Medicine*6, no. 4 (2007): 444-461.

Bell, M.L., A. Zanobetti, and F. Dominici. "Evidence on Vulnerability and Susceptibility to Health Risks Associated with Short-Term Exposure to Particulate Matter: A Systematic Review and Meta-Analysis." *American Journal of Epidemiology*178, no. 6 (2013): 865-76.

Bell, M.L., A. Zanobetti, and F. Dominici. "Who Is More Affected by Ozone Pollution? A Systematic Review and Meta-Analysis." *American Journal of Epidemiology*180, no. 1 (2014): 15-28.

Berko, J., D.D. Ingram, and S. Saha. "Deaths Attributed to Heat, Cold, and Other Weather Events in the United States, 2006–2010." *National Health Statistics Reports*no. 76 (2014). https://www.cdc.gov/nchs/data/nhsr/nhsr076.pdf.

Bernard, S.M., and M.A. McGeehin. "Municipal Heat Wave Response Plans." *American Journal of Public Health*94, no. 9 (2004): 44-50.

Berry, P., P.M. Enright, J. Shumake-Guillemot, E.V. Prats, and D. Campbell-Lendrum. "Assessing Health Vulnerabilities and Adaptation to Climate Change: A Review of International Progress." 2018.

Bouchama, A., M. Dehbi, G. Mohamed, F. Matthies, M. Shoukri, and B. Menne. "Prognostic Factors in Heat Wave-Related Deaths." *JAMA*167, no. 20 (2007): 1-7.

British Columbia Ministry of Environment. "Indicators of Climate Change for British Columbia: 2016 Update." 2015.

Buse, C.G., V. Lai, K. Cornish, and M.W. Parkes. "Towards Environmental Health Equity in Health Impact Assessment: Innovations and Opportunities." *International Journal of Public Health*64, no. 1 (2019): 15-26.

Bustinza, R., G. Label, P. Gosselin, D. Belanger, and F. Chebana. "Health Impacts of the July 2010 Heat Wave." *BMC Public Health*2013 (July 2010).

Calkins, M.M., T.B. Isaksen, B.A. Stubbs, M.G. Yost, and R.A. Fenske. "Impacts of Extreme Heat on Emergency Medical Service Calls in King County, Washington, 2007-2012: Relative Risk and Time Series Analyses of Basic and Advanced Life Support." *Environmental Health: A Global Access Science Source*15, no. 1 (2016): 1-13.

Calvert JG, Lazrus A, Kok GL, Heikes BG, Walega JG, Lind J, Cantrell CA (1985) Chemical mechanisms of acid generation in the troposphere. *Nature* 317:27-35.

Canadian Forest Service of Natural Resources Canada. "Customized

Spatial Climate Data Files Prepared for the Canadian Urban Environmental Health Research Consortium (CANUE)." 2017.

The Canadian Press. "Month of May Warmest and Driest on Record in Vancouver." CBC News, 2018.

27.City of Vancouver. "Separate Sewage from Rainwater." City of Vancouver, 2016.

Climate Central. "Surging Seas: Seeing Choices." Accessed [Date you accessed the site, if required for context]. https://seeing.climatecentral.org/#11/49.1343/-123.0311?show=lockinAnimated&level=2&unit=feet&pois=hide.

Cann, K.F., D.R. Thomas, R.L. Salmon, A.P. Wyn-Jones, and D. Kay. "Extreme Water-Related Weather Events and Waterborne Disease." *Epidemiology and Infection*141, no. 4 (2013): 671-86.

Carley, S. 2009. "State Renewable Energy Electricity Policies: An Empirical Evaluation of Effectiveness." *Energy Policy.*

Chan, H.-W., et al. 2022. "Effects of Perceived Social Norms on Support for Renewable Energy Transition: Moderation by National Culture and Environmental Risks." *Journal of Environmental Psychology.*

Cline, 1991. "Scientific Basis for the Greenhouse Effect." *Economic Journal*101, no. 407.

Cole, B.L., K.E. MacLeod, and R. Spriggs. "Health Impact Assessment of Transportation Projects and Policies: Living Up to Aims of Advancing Population Health and Health Equity?" *Annual Review of Public Health*40 (2019): 305-18.

32.Costello, A.B., and J.W. Osborne. "Best Practices in Exploratory Factor Analysis: Four Recommendations for Getting the Most from Your Analysis." 2005.

Cutter, S.L., S. Carolina, B.J. Boruff, S. Carolina, and W.L. Shirley. "Social Vulnerability to Environmental Hazards." *Social Science Quarterly*84, no. 2 (2003).

Datta, S., Tiwari, A. K., & Shylajan, C. (2018). An empirical analysis of nature, magnitude and determinants of farmers' indebtedness in India. *International Journal of Social Economics*, 45(6), 888–908.

Defiesta, G., & Rapera, C. (2014). Measuring adaptive capacity of farmers to climate change and variability: Application of a composite index to an agricultural community in the Philippines. *Journal of Environmental Science and Management*, 17(2), 8-62.

Devitt, Timothy W. "Fossil Fuel Combustion." In *Handbook of Air Pollution Technology*, edited by Seymour Calvert, et al. New York: John Wiley & Sons, 1984.

DMTI Spatial Inc. "CanMap Postal Code Suite v2015.3." Markham: Canadian Urban Environmental Health Research Consortium (CANUE), 2015.

Doutreloup, D., and Vincent Lemort. 2023. "Framework to Assess Climate Change Impact on Heating and Cooling Energy Demands in Building Stock: A Case Study of Belgium in 2050 and 2100." *Energy and Buildings* 298 (November 1)

Fahad, S., & Wang, J. (2018). Farmers' risk perception, vulnerability, and adaptation to climate change in rural Pakistan. *Land Use Policy*, 79, 301–309.

Fahad, S., Alnori, F., Su, F., &Deng, J. (2022). Adoption of green innovation practices in SMEs sector: evidence from an emerging economy. *Economic Research-Ekonomska Istraživanja*, 35(1), 5486–5501.

Feng, Therese. *Controlling Air Pollution in China*. Cheltenham, U.K.: Edward Elgar, 1999.

Fernandez, A., J. Black, M. Jones, L. Wilson, L. Salvador-Carulla, T. Astell-Burt, et al. "Flooding and Mental Health: A Systematic Mapping Review." *PLoS One*10, no. 4 (2015): e0123678.

Field, C.B., V. Barros, T.F. Stocker, and Q. Dahe, eds. *Managing the Risks of Extreme Events and Disasters to Advance Climate Change Adaptation: Special Report of the Intergovernmental Panel on Climate Change*. Cambridge: Cambridge University Press, 2012.

Field, C., ed. 2014. Climate Change 2014: *Impacts, Adaptation, and Vulnerability*. Part A: Global and Sectoral Aspects. Cambridge, UK: Cambridge University Press.

Flanagan, B.E., E.W. Gregory, E.J. Hallisey, J.L. Heitgerd, and B. Lewis. "A Social Vulnerability Index for Disaster Management." *Journal of Homeland Security and Emergency Management*8, no. 1 (2011).

Fletcher, B.A., S. Lin, E.F. Fitzgerald, and S.A. Hwang. "Association of Summer Temperatures with Hospital Admissions for Renal Diseases in New York State: A Case-Crossover Study." *American Journal of Epidemiology*175, no. 9 (2012): 907-16.

Ford, J. D., & Smit, B. (2004). A framework for assessing the vulnerability of   communities in the Canadian Arctic to risks associated with climate change. *Arctic*, 57(4), 389-400.

Fuhrmann, C.M., M.M. Sugg, C.E. Konrad, and A. Waller. "Impact of Extreme Heat Events on Emergency Department Visits in North Carolina (2007-2011)." *Journal of Community Health*41, no. 1 (2016): 146-56.

Füssel, H.-M. (2007). Vulnerability: A generally applicable conceptual

framework for climate change research. *Global Environmental Change*, 17(2), 155-167.

Georgopoulou, Elena, Sevastianos Mirasgedis, Yannis Sarafidis, Christos Giannakopoulos, Konstantinos V. Varotsos, and Nikos Gakis. 2024. "Climate Change Impacts on the Energy System of a Climate-Vulnerable Mediterranean Country (Greece)." *Atmosphere* 15, no. 3: 286.

Golden, J.S., D. Hartz, A. Brazel, G. Luber, and P. Phelan. "A Biometeorology Study of Climate and Heat-Related Morbidity in Phoenix from 2001 to 2006." *International Journal of Biometeorology*52, no. 6 (2008): 471-80.

Goncalves C, Santos MAD, Fornaro A, Pedrott JJ (2010) Hydrogen peroxide in the rainwater of Sao Paulo megacity: measurements and controlling factors. *J Braz Chem Soc* 21:331-339.

Goodland, R., H. Daly, et al., eds. *Environmentally Sustainable Economic Development.* Paris: UNESCO, 1991.

Henderson, S.B., V. Wan, and T. Kosatsky. "Differences in Heat-Related Mortality Across Four Ecological Regions with Diverse Urban, Rural, and Remote Populations in British Columbia, Canada." *Health & Place*23 (2013): 48-53.

Gupta, A. K., Negi, M., Nandy, S., Alatalo, J. M., Singh, V., & Pandey,

R. (2019). Assessing the vulnerability of socio-environmental systems to climate change along an altitude gradient in the Indian Himalayas. *Ecological Indicators*, 106, 105512.

Hasan, M. K., & Kumar, L. (2019). Comparison between meteorological data and farmer perceptions of climate change and vulnerability in relation to adaptation. *Journal of Environmental Management*, 237, 54-62.

Henderson, S.B., J.S. Gauld, S.A. Rauch, K.E. McLean, N. Krstic, and D.M. Hondula. "A Proposed Case-Control Framework to Probabilistically Classify Individual Deaths as Expected or Excess During Extreme Hot Weather Events." *Environmental Health: A Global Access Science Source* 15, no. 1 (2016): 1-10.

Henderson, S.B., Wan, V., and Kosatsky, T. 2013. "Differences in Heat-Related Mortality Across Four Ecological Regions with Diverse Urban, Rural, and Remote Populations in British Columbia, Canada." *Health & Place* 23: 48-53.

Hinkel, J. "'Indicators of Vulnerability and Adaptive Capacity': Towards a Clarification of the Science – Policy Interface." *Global Environmental Change* 21 (2011): 198-208.

Ho, T. D., Kuwornu, J. K., & Tsusaka, T. W. (2022). Factors influencing smallholder rice farmers' vulnerability to climate change and variability in the Mekong Delta region of Vietnam. *The European Journal of Development Research*, 34(1), 272-302

Huong, N. T. L., Bo, Y. S., & Fahad, S. (2017). Farmers' perception, awareness and adaptation to climate change: Evidence from Northwest Vietnam. *International Journal of Climate Change Strategies and Management*, 9, 555-576.

Huong, N. T. L., Yao, S., & Fahad, S. (2019). Assessing household livelihood vulnerability to climate change: The case of Northwest Vietnam. *Human and Ecological Risk Assessment: An International Journal*, 25(5), 1157-1175.

Hussain, S. S., & Mudasser, M. (2007). Prospects for wheat production under changing climate in mountain areas of Pakistan—An econometric analysis. *Agricultural Systems*, 94(2), 494-501

Intergovernmental Panel on Climate Change. 2001. *Climate Change 2001: Synthesis Report.* Geneva, Switzerland: IPCC.

Isaksen, T.B., R.A. Fenske, E.K. Hom, Y. Ren, H. Lyons, and M.G. Yost. "Increased Mortality Associated with Extreme-Heat Exposure in King County, Washington, 1980–2010." *International Journal of Biometeorology*60, no. 1 (2016): 85-98.

Jasinski, Piotr, and Wolfgang P., eds. *Energy and Environment: Multiregulation in Europe.* Aldershot: Ashgate, 2000.

Joe, L., S. Hoshiko, D. Dobraca, R. Jackson, S. Smorodinsky, D. Smith, et al. "Mortality during a Large-Scale Heat Wave by Place, Demographic Group, Internal and External Causes of Death, and Building Climate Zone Lauren." *International Journal of Environmental Research and Public Health*13 (2016): 299.

Johnson, P.M., C.E. Brady, C. Philip, H. Baroud, J.V. Camp, and M. Abkowitz. "A Factor Analysis Approach toward Reconciling Community Vulnerability and Resilience Indices for Natural Hazards." *Risk Analysis*40, no. 9 (2020): 1795-1810.

Kalisch Ellett, L.M., N.L. Pratt, V.T. Le Blanc, K. Westaway, and E.E. Roughead. "Increased Risk of Hospital Admission for Dehydration or Heat-Related Illness After Initiation of Medicines: A Sequence Symmetry Analysis." *Journal of Clinical Pharmacy and Therapeutics*41, no. 5 (2016): 503-507.

Kershaw, S.E., and A. Millward. "A Spatio-Temporal Index for Heat Vulnerability Assessment." *Environmental Monitoring and Assessment*184, no. 12 (2012): 7329-7342.

Kim, Junmo. "Economic Integration of Major Industrialized Areas." *Technological Forecasting & Social Change*67, nos. 2-3 (2001)

Kim, Junmo. "An Empirical Approach to the Legacy of the Korean Industrial Policy." In *Science, Technology, and Innovation Policy*, edited by David Gibson et al. Westport, CT: Quorum Publishers, 2000.

Kim, Junmo. *The South Korean Economy.* Aldershot: Ashgate Publishing, August 2002.

Kirton, John J., and Virginia W. Maclaren. *Linking Trade,*

Environment, and Social Cohesion: NAFTA. Aldershot: Ashgate Publishers, 2002.

Kosatsky, T., S.B. Henderson, and S.L. Pollock. "Shifts in Mortality During a Hot Weather Event in Vancouver, British Columbia: Rapid Assessment with Case-Only Analysis." *American Journal of Public Health*102, no. 12 (2012): 2367-2371.

Lane, K., K. Charles-Guzman, K. Wheeler, Z. Abid, N. Graber, and T. Matte. "Health Effects of Coastal Storms and Flooding in Urban Areas: A Review and Vulnerability Assessment." 2013, page 2013.

Lavigne, E., A. Gasparrini, X. Wang, H. Chen, A. Yagouti, M.D. Fleury, et al. "Extreme Ambient Temperatures and Cardiorespiratory Emergency Room Visits: Assessing Risk by Comorbid Health Conditions in a Time Series Study." *Environmental Health: A Global Access Science Source*13, no. 1 (2014): 1-8.

Laverdière, É., M. Généreux, P. Gaudreau, J.A. Morais, B. Shatenstein, and H. Payette. "Prevalence of Risk and Protective Factors Associated with Heat-Related Outcomes in Southern Quebec: A Secondary Analysis of the NuAge Study." *Canadian Journal of Public Health*106, no. 5 (2015): e315-e321.

Lee, M., L. Shi, A. Zanobetti, and J.D. Schwartz. "Study on the Association between Ambient Temperature and Mortality Using Spatially Resolved Exposure Data." *Environmental Research*151 (2016): 610-617.

Lemmons, J., and D.A. Brown. *Sustainable Development: Science, Ethics, and Public Policy.*Dordrecht: Kluwer, 1995.

Levison, M.M., A.J. Butler, S. Rebellato, B. Armstrong, M. Whelan, and C. Gardner. "Development of a Climate Change Vulnerability Assessment Using a Public Health Lens to Determine Local Health Vulnerabilities: An Ontario Health Unit Experience." 2018, pages 8-12.

Li, M., S. Gu, P. Bi, J. Yang, and Q. Liu. "Heat Waves and Morbidity: Current Knowledge and Further Direction—a Comprehensive Literature Review." *International Journal of Environmental Research and Public Health*12, no. 5 (2015): 5256-5283.

Li, L., Cao, R., Wei, K., Wang, W., and Chen, L. 2019. "Adapting

Climate Change Challenge: A New Vulnerability Assessment Framework from the Global Perspective." *Journal of Cleaner Production* 217: 216-224.

Lian, H., Y. Ruan, R. Liang, X. Liu, and Z. Fan. "Short-Term Effect of Ambient Temperature and the Risk of Stroke: A Systematic Review and Meta-Analysis." *International Journal of Environmental Research and Public Health*12, no. 8 (2015): 9068-9088.

Logan, T.M., and S.D. Guike2020ma. "Reframing Resilience: Equitable Access to Essential Services." *Risk Analysis*;

Ministry of Environment and Climate Change Strategy. "Preliminary Strategic Climate Risk Assessment for British Columbia." 2019.

Lowe, D., K.L. Ebi, and B. Forsberg. "Factors Increasing Vulnerability to Health Effects Before, During, and After Floods." *International Journal of Environmental Research and Public Health*10, no. 12 (2013): 7015-7067.

Lubik, A., and T. Kosatsky. "Developing a Municipal Heat Response Plan: A Guide for Medium-Sized Municipalities." 2017. Accessed [date]. http://www.bccdc.ca/resource-gallery/Documents/Guidelinesan dForms/Guidelines%20and%20Manuals/Health-Environment/De veloping%20a%20municipal%20heat%20response%20plan.pdf.

Lundgren, L., and A. Jonsson. "Assessment of Social Vulnerability." *Center for Climate Science and Policy Research*9 (2012): 1-15.

Matz, C.J., M. Egyed, G. Xi, J. Racine, R. Pavlovic, R. Rittmaster, et al. "Health Impact Analysis of PM2.5 from Wildfire Smoke in Canada (2013–2015, 2017–2018)." *Science of the Total Environment*725 (2020): 138506.

Maier, G., A. Grundstein, W. Jang, C. Li, L. Naeher, and M. Sheppard. "Assessing the Performance of a Vulnerability Index during Oppressive Heat across Georgia, United States." *American Meteorologist*2014: 253-263.

Mazmanian, Daniel A., and Michael E. Kraft. *Toward Sustainable Communities: Transition and Transformation in Environmental Policy.* Cambridge, MA: The MIT Press, 1999.

Meadows, D.H., and D.L. Meadows. *The Limits to Growth: A Report* for the Club of Rome's Project on the Predicament of *Mankind.* New York: Universe Books, 1972.

Memon, R.A., D.Y.C. Leung, and Chunho Liu. "A Review on the Generation, Determination and Mitigation of Urban Heat Island." *Journal of Environmental Sciences* 20 (2008): 120-128.

Morzaria-Luna, H. N., Turk-Boyer, P., and Moreno-Baez, M. 2014. "Social Indicators of Vulnerability for Fishing Communities in the Northern Gulf of California, Mexico: Implications for Climate Change." *Marine Policy* 45: 182-193.

NASA Earth Observatory. "Wildfire Smoke Shrouds the U.S. West." 2020. Accessed November 20, 2020. https://earthobservatory. nasa.gov/images/147151/wildfire-smoke-shrouds-the-us-west.

Nayak, S.G., S. Shrestha, P.L. Kinney, Z. Ross, S.C. Sheridan, C.I. Pantea, et al. "Development of a Heat Vulnerability Index for New York State." *Public Health* 161 (2018): 127-137.

Northwest Hydraulic Consultants. *City of Vancouver Coastal Flood Risk Assessment.* Vancouver, 2014.

Bridges, Olga, and J.W. Bridges. *Losing Hope: The Environment and Health in Russia.* Aldershot: Ashgate Publishers, 1996.

Olsen, R.L. "Alternative Images of a Sustainable Future." *Futures* 26, no. 2 (1994): 156-169.

World Health Organization. *Operational Framework for Building Climate Resilient Health Systems.* Geneva: World Health Organization, 2015.

Oulahen, G., S.E. Chang, J.Z.K. Yip, T. Conger, M. Marteleira, and C. Carter. "Contextualizing Institutional Factors in an Indicator-Based Analysis of Hazard Vulnerability for Coastal Communities." *Journal of Environmental Planning and Management* 61, no. 14 (2018): 2491-2511.

O'Rourke, N., and L. Hatcher. *A Step-by-Step Approach to Using SAS for Factor Analysis and Structural Equation Modeling.* Cary, NC: SAS Institute, 2013.

Ostrom, Elinor. 1990. *Governing the Commons: The Evolution of Institutions for Collective Action.* Cambridge University Press.

Ostrom, Elinor, et al. 1999. *Revisiting the Commons: Local Lessons, Global Challenges. Science* 284, no. 5412: 278?282.

Ostrom, Elinor. 2009. *A Polycentric Approach for Coping with Climate Change.* Background paper for the World Development Report 2010. The World Bank.

Oulahen, G., L. Mortsch, K. Tang, D. Harford. "Unequal Vulnerability to Flood Hazards: 'Ground Truthing' a Social Vulnerability Index of Five Municipalities in Metro Vancouver, Canada." 2015; 105 (May 2014): 473-495.

Pablo-Romero, M., Sanchez-Braza, A., and Gonzalez-Jara, D. 2023. "Economic Growth and Global Warming Effects on Electricity Consumption in Spain: A Sectoral Study." *Environmental Science and Pollution Research* 30: 43096-43112.

Pachauri, R.K., M.R. Allen, V.R. Barros, J. Broome, W. Cramer, R. Christ, et al. *Climate Change 2014: Synthesis Report. Contribution of Working Groups I, II and III to the Fifth Assessment Report of the Intergovernmental Panel on Climate Change.* Geneva: IPCC, 2014.

Parry, M., O. Canziani, J. Palutikof, P. van der Linden, and C. Hanson, eds. *Climate Change 2007: Impacts, Adaptation, and Vulnerability.* Cambridge: Cambridge University Press, 2007.

Prakash, J., Agrawal, S.B., and Agrawal, M. 2023. "Global Trends of Acidity in Rainfall and Its Impact on Plants and Soil." *Journal of Soil Science and Plant Nutrition* 23: 398-419.

Rappold, A.G., J. Reyes, G. Pouliot, W.E. Cascio, and D. Diaz-Sanchez. "Community Vulnerability to Health Impacts of Wildland Fire Smoke Exposure." *Environmental Science & Technology* 51, no. 12 (2017): 6674-6682.

Porter, Michael E. *The Competitive Advantage of Nations.* New York: Free Press, 1990.

Tao, Qiqi, Marie Naveau, Alexis Tantet, Jordi Badosa, and Philippe Drobinski. 2024. "Title of the Article." *Climate Services* 33 (January)

Redclift, M. "Reflections on the Sustainable Development Debate." *International Journal of Sustainable Development* 1 (1994).

Renn, O., and R. Goble. "How to Apply the Concept of Sustainability to a Region." *Technological Forecasting & Social Change*58, nos. 1 & 2 (May/June 1998).

Reid, C.E., M. Brauer, F.H. Johnston, M. Jerrett, J.R. Balmes, and C.T. Elliott. "Critical Review of Health Impacts of Wildfire Smoke Exposure." *Environmental Health Perspectives*124, no. 9 (2016): 1334-1343.

Reid, C.E., J.K. Mann, R. Alfasso, P.B. English, G.C. King, R.A. Lincoln, et al. "Evaluation of a Heat Vulnerability Index on Abnormally Hot Days: An Environmental Public Health Tracking Study." *Environmental Health Perspectives*120, no. 5 (2012): 715-720.

Rinner, C., D. Patychuk, K. Bassil, S. Nasr, S. Gower, and M. Campbell. "The Role of Maps in Neighborhood-Level Heat Vulnerability Assessment for the City of Toronto." *Cartography and Geographic Information Science*37, no. 1 (2013): 31-44.

Rinner, C., and J.P. Taranu. "Map-Based Exploratory Evaluation of Non-Medical Determinants of Population Health." *Health & Place*10 (2006): 633-649.

Roderick, Alex. "Chemical Energy as a Source of Electrical Energy." *Technical Article* Apr. 23, 2021.

Scheepers, Martin, Silvana Gamboa Palacios, Elodie Jegu, Larissa P. Nogueira, Loes Rutten, Joost van Stralen, Koen Smekens, Kira West, and Bob van der Zwaan. 2022. "Towards a Climate-Neutral Energy System in the Netherlands." *Renewable and Sustainable Energy Reviews* 158. ISSN 1364-0321.

Sheridan, S.C., and S. Lin. "Assessing Variability in the Impacts of Heat on Health Outcomes in New York City over Time, Season, and Heat-Wave Duration." *Ecohealth*11, no. 4 (2014): 512-525.

Sugg, M.M., C.E. Konrad, and C.M. Fuhrmann. "Relationships between Maximum Temperature and Heat-Related Illness across North Carolina, USA." *International Journal of Biometeorology*60, no. 5 (2016): 663-675.

Stewart, R.E., D. Betancourt, D. Harford, Y. Klein, R. Lannigan, and L. Mortsch, et al. "A Multi-Perspective Examination of Heat Waves Affecting Metro Vancouver: Now into the Future."

Natural Hazards 87, no. 2 (2017): 791-815.

Szlavik, Janos, and Maria Csete. 2012. "Climate and Energy Policy in Hungary." *Energies* 5, no. 2: 494-517.

Tavoulareas, E.S., et al. *Clean Coal Technologies for Developing Countries*. World Bank Technical Papers No. 286. Washington, D.C.: World Bank, 1995.

Tietenberg, Tom, ed. *Emissions Trading Programs*. Aldershot: Ashgate Publishers, 2001.

Uejio, C.K., O.V. Wilhelmi, J.S. Golden, D.M. Mills, S.P. Gulino, and J.P. Samenow. "Intra-Urban Societal Vulnerability to Extreme Heat: The Role of Heat Exposure and the Built Environment, Socioeconomics, and Neighborhood Stability." *Health & Place* 17, no. 2 (2011): 498-507.

UK Aid - Department for International Development. *Defining Disaster Resilience: A DFID Approach Paper*. 2011.
My Community MH. "Transportation and Health in Metro Vancouver." Accessed [date].
https://www.myhealthmycommunity.org/Results/RegionalRepor ts.aspx.

United Nations. *Agenda 21: The United Nations Programme of Action from Rio*. New York, 1992.

United States Census Bureau. "Older People Projected to Outnumber Children for First Time in U.S. History." 2018. Accessed [date].
https://www.census.gov/newsroom/press-releases/2018/cb18-4 1-population-projections.html.

Lower Mainland Facilities Management. "Lower Mainland Facilities Management Moving Towards Climate Resilient Health Facilities for Vancouver Coastal Health." October 2018.

U.S. Environmental Protection Agency. "Integrated Science Assessment for Ozone and Related Photochemical Oxidants." *Federal Register* vol. 78. 2013. Accessed
http://ofmpub.epa.gov/eims/eimscomm.getfile?p_download_id= 511347.

U.S. EPA. *Sustainable Development Challenge Grant Proposal Guidance*. Washington, D.C.: U.S. Environmental Protection Agency, August 1998.

Collier, Ute. *Energy and Environment in the European Union: The Challenge of Integration.* Aldershot: Ashgate, 1996.

Veenema, T.G., C.P. Thornton, R.P. Lavin, A.K. Bender, S. Seal, and A. Corley. "Climate Change–Related Water Disasters' Impact on Population Health." *Journal of Nursing Scholarship* 49, no. 6 (2017): 625-634.

Vig, Norman, and Michael Kraft, eds. *Environmental Policy in the 1990s.* Washington, D.C.: CQ Press, 1997.

Vincent, K. "Creating an Index of Social Vulnerability to Climate Change in Africa." Tyndall Centre for Climate Change Research, November 2004.

Vinikoor-Imler, L.C., E.O. Owens, J.L. Nichols, M. Ross, J.S. Brown, and J.D. Sacks. "Evaluating Potential Response-Modifying Factors for Associations Between Ozone and Health Outcomes: A Weight-of-Evidence Approach." *Environmental Health Perspectives* 122, no. 11 (2014): 1166-1176.

Vlahov, D., and S. Galea. "Urbanization, Urbanicity, and Health." *Journal of Urban Health* 79, no. 4 (2002): 1-12.

Voelkel, J. "Assessing Vulnerability to Urban Heat: A Study of Disproportionate Heat Exposure and Access to Refuge by Socio-Demographic Status in Portland, Oregon." 2018.

Ward, J.H. "Hierarchical Grouping to Optimize an Objective Function." *Journal of the American Statistical Association* 58 (1963).

Wargo, J. *Our Children's Toxic Legacy: How Science & Law Fail to Protect Us from Pesticides.* New Haven: Yale University Press, 1996.

Wolf, T., G. McGregor, and A. Analitis. "Performance Assessment of a Heat Wave Vulnerability Index for Greater London, United Kingdom." *Weather, Climate, and Society* 6 (2013): 32-46.

Jafari, Yaghoob, Helena Engemann, Thomas Heckelei, and Karlo Hainsch. 2023. "National and Regional Economic Impacts of Changes in Germany's Electricity Mix: A Dynamic Analysis through 2050." *Utilities Policy* 82.

Yandle, B. *The Market Meets the Environment*. New York and Oxford: Rowman & Littlefield Publishers, Inc., 1999.

Yao, J., M. Brauer, J. Wei, K.M. McGrail, F.H. Johnston, and S.B. Henderson. "Sub-Daily Exposure to Fine Particulate Matter and Ambulance Dispatches During Wildfire Seasons: A Case-Crossover Study in British Columbia, Canada." *Environmental Health Perspectives*128, no. 6 (2020): 67006.

Zanobetti, A., M.S. O'Neill, C.J. Gronlund, and J.D. Schwartz. "Susceptibility to Mortality in Weather Extremes." *Epidemiology*24, no. 6 (2013): 809-819.

Zhang, J., Y. Wei, and Z. Fang. "Ozone Pollution: A Major Health Hazard Worldwide." *Frontiers in Immunology*10 (2019): 2518.

Zhang, K., T.H. Chen, and C.E. Begley. "Impact of the 2011 Heat Wave on Mortality and Emergency Department Visits in Houston, Texas." *Environmental Health: A Global Access Science Source*14, no. 1 (2015): 1-7.

산성비의 활용과 지역개발

초판발행 2024년 7월 3일

지 은 이 김준모

펴 낸 이 김복환

펴 낸 곳 도서출판 지식나무

등록번호 제301-2014-078호

주   소 서울시 중구 수표로12길 24

전   화 02-2264-2305(010-6732-6006)

팩   스 02-2267-2833

이 메 일 booksesang@hanmail.net

ISBN 979-11-87170-71-6

값 19,000원